어떻게 죽음을
마주할 것인가

HINÜBERGEHEN

아름다운 마무리를 위한 임종학 강의

모니카 렌츠 지음 | 전진만 옮김

책 세 상

차례

일러두기

1. 이 책은 Monika Renz의 *Hinübergehen: Was beim Sterben geschieht*(Herder, 2015)를 옮긴 것이다. 이 책의 원제인 hinübergehen에는 '건너가다' '죽음의 문턱을 넘다' '조용히 숨을 거두다'라는 의미가 담겨 있다.
2. 원서에서 이탤릭체로 강조한 부분은 색글씨로 표기했다.
3. 내용주는 각주로, 서지주는 미주로 처리했으며 옮긴이의 주는 (옮긴이주)로 표시했다.
4. 이 책에 수록된 성경의 역문은 한국 천주교의 《성경》(2005년)을 저본으로 하였다.
5. 주요 인명과 서명, 개념어는 처음 한 번에 한해 원어를 병기했으며, 개념어의 경우 독자의 이해를 돕기 위해 영문명도 함께 표기했다.

서문

죽음의 문턱을 넘다

확실히 이 책의 제목은 도전적이다. 어떤 사람에게는 삶을 되돌아보게 하는 제목일 수도 있지만 또 어떤 사람에게는 한 귀로 듣고 한 귀로 흘릴 수 있는 제목이기도 하겠다. 또한 이 제목은 죽음 이후에 마치 무엇이, 우리가 전혀 파악할 수 없는 미지의 것이 존재한다고 암시하는 듯하다. 물론 죽음 이후에는 그저 아무것도 없을 수도 있다. 그런데 우리가 무언가 있다고 믿든 믿지 않든 간에, 죽음 이후에 대해서는 모든 것이 베일에 가려 있다는 사실만큼은 분명하다.

이 책은 미지의 것에 근접하여 죽음의 문턱을 넘는 것이 정확히 무엇을 의미하는지를 다룬다. 죽어가는 사람들은 최소 한 번 이상 의식과 무의식의 경계를 넘나드는 것 같다. 그때 그들의 인지 능력 또한 변화한다.[1] 말하자면 그들은 죽음을 맞기 전에 이미 시공간에서, '자아'와 '타자'에서, 그리고 주체와 주위 환경에서 우리가 느끼고 경험하는 감각으로부터 멀어진다. 그러고는 완전히 다른 체험의 세계로 침잠한다. 수많은 임사체험들은 이와 같은 지각 변화뿐만 아니라 특정 공간에 얽매이지 않는 무한의 의식이 있음을 증언한다.[2] 여기서 공간에 얽매이지 않는다는 것은 공간의 한계가 없음을, 육체 안에 한정되지 않음을 가리킨다. 또한 '무한'이란 시간의 차원과 한계를 벗어남을 의미한다. 이런 임사체험들은 대부분 평온하면서 심지어 거룩하기까지 한 현상을 설명하고 사랑과 빛에 대한 이야기를 들려준다.

심장 박동이 갑자기 정지된 응급 환자들뿐만 아니라 곧 숨이 넘어갈 사람들도 수시로 전혀 다른 존재와 접촉하는 것처럼 보인다.[3] 하지만 다른 존재와의 접촉을 나타내는 표상들은 각양각색이고 주관적이다. 물론 다른 존재를 어떻게 해석할 것인가 하는 문제, 즉 이 존재가 피안의 실재로서 표현된 것인지, 아니면 그저 죽음이 임박했기 때문에 우연히 발생한 표상인지 등 해석의 문제는 여전히 열려 있다.

이 책은 피안의 세계에 대한 믿음을 의도적으로 깔고 있지 않을뿐더러 신앙 교리를 내세우지도 않는다. 오히려 생의 마지막 순간에 대한 논의를 올바르게 이끌어가고자 한다. 임사체험에 대해 우리는 그동안의 관찰 경험과 연구를 통해 어느 누구보다 잘 알고 있으며 죽음 자체가 신비라는 것도 안다. 다만 우리가 죽음의 문제를 생사를 넘나들었던 생존자들에게 의존해 논한다는 사실이 역설적으로 보일 수는 있다.

이 책은 1,000여 명의 임종 환자를 직업상 17년간 지켜보고 그 가운데 680여 명의 환자들을 연구하면서 얻은 통찰에서 출발했다(부록 참조). 음악치료사로서 나는 임종을 앞둔 많은 사람들이 외부 자극에 매우 민감하다는 사실, 특히 원초적 불안 형태에 가장 먼저 반응하고 동요한다는 사실을 알고 있다. 심층심리학자로서 나는 그들이 자신의 임종 과정을 남들에게 보이고 싶어 하지 않는다는 점도 정확히 인식하고 있다. 뿐만 아니라 죽어가는 사람들의 조각난 언어에도 상징적인 내적 논리가 있다는 것도 알고 있다. 신학자로서 나는 임종 자리에서 경험하는 놀라운 사실들을 인식하는 것에 그저 머물지 않고 창조적이고 종교적인 표상으로 우리에게 현시되는, 거대한 차원으로 건너갈 수 있는 다리를 놓고자 한다. 나는 수년 전부터 스위스 동북부에 위치한 장크트갈렌St. Gallen 종합병원의 정신종양학* 의사로 근무하며 신학을 공부했다. 그러면서 수많은 개인의 비극과 미해결 문제를 놓고 고민했다. 많은 성서 구절과 표상은 여전히 나를 매혹하고 매번 새롭게 다가온다. 종교적 전승에 나타난 수많은 구절과 표상들을 죽음과 임사체험의 관점에서 바라보면 새로운 의미를 발견할 수 있다.[4]** 인간, 세계, 종교의 본질을 더 잘 이해하기 위해 내가 만나는 대상은 임종을 앞둔 환자들, 그들의 증언과 영적인 경험들이다. 당연히 이 순서가 바뀌어서는 안 된다. 그리고 그들과 만나는 자리에서

---

* (옮긴이주) 정신종양학Psychoonkologie, Psychooncology이란 암 환자가 겪는 심리적·정신적 고통(슬픔, 두려움, 불안, 우울, 공포, 사회적 고립 등)인 디스트레스distress를 통합적으로 해결하려는 의학 분야이다.

** 나는 경전 해석, 정확히 말하면 성서 해석을 다음과 같이 세 가지로 구분한다. 1. 중요한 말씀들은 우리에게 전하는 계시이고 신에게 가까이 다가갔던—감명받았던—저자들에 의해 기록되었다. 2. 성서는 분명히 인간의 손으로 기록되었고 역사비평적 해석을 필요로 한다. 즉 누가 어디에서 성서를 기록했고 그 당시의 상황은 어떠했는지를 질문해야 한다. 단, 본문 해석에 필요한 이 두 가지 방식(1, 2)만으로도 가능하지만 세 번째의 것도 요구된다. 3. 기록 당시에 통용되던 상징적 표상을 담은 언어 세계 안에서 성서를 읽어야 한다. 이는 1980년대와 90년대 초반 드레버만Eugen Drewermann이 요구했던 것과 비슷하면서도 다르다(1987, 1989 참조). 성서의 많은 부분이 현대인의 각성 의식보다 수면 의식과 더 밀접한 관계를 맺고 있다(부록 〈그림 3〉 참조). 성서에 기록된 상징 언어는 당시 통용되던 언어임을 인정해야 하고, 그 세계 안에서 사람들은 살고 생각했다. 이러한 상징 세계는 죽음을 눈앞에 둔 사람들의 언어와 매우 유사하며, 그들은 종종 꿈 의식에서 이를 경험한다.

는 현세관이나 내세관이 중요하지 않다. 오히려 환자, 인격, 고난, 소망, 그리고 환자가 임종에 이르는 과정이 중요하다. 죽어가는 사람과 직접 대면할 때 나는 그저 평범한 사람일 뿐이다.[*]

좋은 죽음이란

우리는 어떤 죽음이 좋은지 판단할 수 있을까? 예상치

---

[*] 나의 영성이 죽음의 경험을 해석하는 데 영향을 주지 않는지 종종 자문한다. 나는 자신을 개방적인 종교인이자 환자를 치료하는 기독교인, 가끔 일반인들과는 다른 생각을 지닌 사람으로 여긴다. 나는 종교, 심층심리학(카를 구스타프 융Carl Gustav Jung, 에리히 노이만Erich Neumann, 스타니슬라프 그로프Stanislav Grof), 음악 치료의 조합에 큰 관심을 갖고 있다. 또한 이전 부전공 과목이었던 종족음악학 Musikethnologie, ethnomusicology(한 사회에서 일어나는 모든 음악적 행위를 사회, 문화적 맥락에서 연구하는 학문—옮긴이)에서 영향을 받았다. 그래서 다양한 민족의 주술사가 치료 의식 때 사용하던 음악의 의미 연구에 몰두했다. 내 기억에 가장 인상 깊게 남아 있는 경험들은 어린 시절에 병을 앓았을 때, 나중에 여러 번 사고를 당했을 때 깊이 새겨졌다. 당시 경험한 일은 임사체험이 보여주는 묘사와 비슷했고 내 감수성에, 즉 외부 자극 반응과 음악 취향에 영향을 끼쳤다. 그런데 한 개인에게 가장 깊게 각인된 사건들을 투명하게 공개했다고 해서 다 끝난 것은 아니다. 죽어가는 사람들의 경험을 어떻게 관리하느냐 하는 문제가 남아 있다(부록의 방법론 참조). 왜냐하면 중증 환자들과 대면하기가 쉽지 않기 때문이다.

못한 사고나 심부전으로 갑작스럽게 죽음을 맞이하는 것이 과연 좋은 죽음일까? 물론 불치병으로 수개월, 수년 동안 고생할 필요는 없겠다. 하지만 이별할 시간조차 갖지 못한 채 사랑하는 이의 죽음을 힘겹게 받아들여야 하는 가족들을 생각해보자. 그럼 가족에게 오랜 고통과 연민의 무거운 짐을 지게 하면서 천천히 죽어가는 것이 좋은 죽음일까? 아니면 마지막 순간까지 의식이 돌아오지 못한 채 죽음에 이르는 것이 그나마 좋은 죽음일까? 그것도 아니라면 고통을 인내하며 의식이 있는 상태에서 이별의 시간을 가진 다음에 숨을 거두는 것이 잘 죽는 것일까?

혹자는 좋은 죽음이란 '성공한 삶과의 이별'이라고 단언하면서 성공한 삶이 무엇인지 이야기한다. 혹자는 '본인이 자신의 죽음에 동의할 때에야' 비로소 좋은 죽음을 맞이할 수 있다고 생각한다. 또 좋은 죽음이란 '죽음과 직접 대면하는 것'이라고 말하는 사람도 있다. 고통에 몸부림치면서도 약 기운에 취하거나 약물의 도움을 받아 수면 상태에 빠져드는 것을 거부하는 환자들이 이처럼 말한다. 그들은 의식이 있는 상태에서 자신의 죽음을 또렷이 마주하고 싶어 한다. 한 여성은 "죽음의 문턱을 넘을 때 내가 함께하겠다"라고 말했다. 한편 좋은 죽음이란 고통 없이 눈을 감는 것이라고 말하는 사람들도 있다. 그들은 고통이 심해지기 전부터 가능하면 빨리 그리고 지속적으로 진정제*를 투여받고 싶어 한다. 물론 부작용이 따를 수도 있다. 약 기운에 취한 환자를 가족이 더 이상 찾아오지 않을 수도 있고, 영적이거나 정신적인 상태가 깨질 수도 있다. 경우에 따라서 좋은 죽음의 정의는 종종 의학적 판단에 의존한다.

그러면 좋은 임종 준비란 무엇인가? 고통완화 의학**, 고통완화 치료***, 임종 간호(호스피스)는 최근에 발전된 분

---

* 종양학과 고통완화 의학에서 진정제 사용은 매우 엄격해 필요하다고 판단될 때에만 임시적으로 허용된다. 환자가 육체적, 정신적으로 스트레스가 최고점에 이르러 고통에서 잠시 벗어날 필요가 있다고 판단되면 의사는 한시적으로 혹은 수면 동안에만 최면진정제인 도미컴Dormicum을 투여한다. 이런 조치가 환자에게 어떤 영향을 미치는지 이에 대해서는 현재 논의 중인데, 다수의 의학자들은 임시로 또는 밤에만 도미컴을 투여하는 것에는 크게 우려할 만한 일이 없다는 입장이다(의학박사 다니엘 뷔헤Daniel Büche, 철학박사이자 의학박사인 플로리안 슈트라서Florian Strasser, 의학과 교수 토마스 체르니Thomas Cerny). 충분한 수면을 취하고 일정 시간 동안 의식 상태를 유지하면서 환자들은 가족과 지속적으로 친밀한 관계를 가질 수 있고 내적인 정신 과정을 지속할 수 있기 때문이다. 우리가 관찰한 바로는 죽음이 가까워지면 진정제 복용 횟수가 자연히 줄어든다.
** (옮긴이주) 고통완화 의학Palliativmedizin, palliative medicine은 더 이상 치료가 불가능한 시한부 환자들에게 마지막 순간까지 어느 정도 삶을 누릴 수 있도록 의학적 조치를 취하는 의학 분야이다.

야로, 특히 삶의 의욕, 행복, 소통, 증상 완화와 관련해서 발달했다.[5] 이 분야의 독일 의료 체계는 지역적 편차가 있으나 서로 긴밀하게 협력할 수 있도록 그물망처럼 촘촘하게 구축되어 있으며, 치료에 관한 정보와 지식은 더욱 축적되고 확대되고 있다. 의료진들도 환자들의 감정뿐만 아니라 그들의 희망, 절망, 가치관까지도 진지하게 받아들이고 있으며 불치병 환자들이 좇는 영성까지도 가볍게 여기지 않고 있다.[6] 이처럼 인간의 존엄과 의미에 초점을 둔, 가족 중심적인 치료 개념들이 속속 등장하고 있다.[7]

그러나 여전히 일부에서는 임종 환자들 가운데 자기 의사 표현이 가능하고 어느 정도 의식이 있는 환자들의 요구에만 관심을 두는 경향이 있다. 오늘날의 임종 준비는 우리 눈에 명백하게 드러나는 현상에서 시작되고 있고, 환자의 상태는 무시된 채 단지 우리의 합리적인 관점에서 정립되고 행해지고 있다. 이러한 임종 준비는 우리에게 마치 죽음이 '일정한 형태를 갖고 있다'는 인상을 심어준다. 그래서 임종을 앞

••• (옮긴이주) 고통완화 치료Paliativpflege, palliative care는 암과 같은 질병의 통증이 모르핀, 방사선 치료, 신경 차단 등의 제통법을 통해 완화되도록 돕는 데 목적이 있다.

둔 사람들의 경험에서 나타나는 수많은 비언어적인 표현들, 그들의 무의식 과정과 변화들은 간과되고, 통합 통증*과 같은 복잡한 상황이 발생하는데도 이에 대한 이해 없이 속수무책으로 방치되곤 한다.[8] 심지어 영적인 임종 준비(영적 간호)** 역시 의식을 갖고 자신의 요구를 말로 표현할 수 있는 환자들에게만 집중한다.[9]

이와 같은 임종 준비에는 죽음을 앞둔 사람들의 내면을 살피는 자세가 결여되어 있다. 말하자면 죽어가는 사람들이 어떤 단계를 거쳐 임종의 순간을 맞이하고 그들의 죽음이 내적으로 어디로 향하고 있는지에 대한 질문까지 포함한 죽음의 전 과정을 임종 과정이라 한다면, 그리고 그 과정을 함께하는 것을 임종 준비라 한다면 앞에서 언급한 임종 준비에는 죽어가는 사람들의 내면을 살피는 과정이 빠져 있다.

---

* (옮긴이주) 전인적 동통, 전체 통증total pain이라고도 하는 통합 통증은 통증이 신체적, 감각적 차원뿐만 아니라 정신적, 사회적, 영적, 문화적 차원까지 관여한다는 의학 개념이다.

** (옮긴이주) 영적인 임종 준비, 영적 간호spiritual care란 각각의 의학, 신학, 병원 치료의 한계를 극복하려는 최신 학문으로, 세계보건기구WHO의 완화치료 개념에 따라 환자의 영적 통증을 덜어주기 위해 의학적 상황에서 영성에 대한 이론적 성찰과 연구를 진행하고 있다.

그러면 기존의 임종 준비에서 우리는 무엇을 내려놓고, 무엇을 새롭게 찾아야 할까? 만약 우리가 이런저런 세계관과 같은 협소한 관점에 서 있다면 이 질문에 대답할 수 없다. 이 질문에 답하기 위해서는 임종을 앞둔 사람들의 본질적 특성, 지각 문제, 해결할 수 없는 죽음의 문제, 죽음으로 인한 절망도 알아야 하지만, 그들을 성숙으로 이끄는 과정과 우리가 이해할 수 없는 임종 직전의 평온함도 인지하고 있어야 한다. 또한 임종 준비, 즉 그들의 임종까지 조심스레 더듬어나가야 하는 동행 길에는 자연스러운 감정 이입, 원활한 소통과 더불어 임종 과정에 대한 정확한 지식과 영적·정신적 지식 역시 필요하다. 이 지식을 이해한다는 것은 죽어가는 사람들을 홀대하는 맹목적인 의료 행위로부터, 임종 환자들의 변덕스러운 요구에조차 더 이상 부합하지 않는 과도한 의료 행위로부터 그들을 보호한다는 의미이기도 하다.

이 책은 일반적으로 환자의 요구에 맞춰진 임종 준비를 포함해 환자가 드러내는 모든 현상에 초점을 맞추고 있기 때문에 호스피스, 고통완화 단계와 응급 단계, 요양 시설과 가정의 틀까지 다룬다. 우리에게는 완벽에 가까운 의학 체계와 그 이상의 도움의 손길, 환자를 최우선으로 하는 마인드가 필요하다. 또한 우리는 임종을 맞이하는 사람이 무엇을 인지하고 느끼는지를 알아야 한다. 이러한 인식은 의사, 간호사, 치료사, 성직자, 자원봉사자에게는 물론, 함께하고 싶은 마음과 보내줘야 한다는 마음 사이에서 힘겹게 줄타기하는 가족에게도 도움이 된다. 반면 이러한 도움과 무관한, 그저 이별의 슬픔에 젖어 있는 감정은 죽음의 과정에 대한 존중과 직관적·정신적 능력을 약화시킬 뿐 아니라 죽음의 경이로움까지도 소멸시킨다.

따라서 이 책에서 나는 임종 과정에 대한 전반적인 경험과 지식을 공개하여 가족을 위로하고 의사와 관련자들을 고무하고자 한다. 그리고 임종 과정에서 인지 전환*이라는 주제에 집중하여 거기서 비롯한 존엄에 대한 경험이 어떻게 변하는지도 보여주고자 한다(부록 〈그림 3〉 참조). 또한 나는 죽어가는 사람들이 갖는 구체적인 불안 뒤에 무엇이 감추어져 있는지, 임종 과정을 앞에 두고 무엇이 그들을 놀라게 하

• (옮긴이주) 여기서 말하는 인지 전환Wahrnehmungsverschiebung이란 임종을 앞둔 사람들의 지각 능력이 현재 우리가 시공간에서 보고 느끼는 방식과 전혀 다르게 기능함을 의미한다. 이 인지 전환을 통해 그들은 우리가 경험하는 것과 완전히 다른 존재와 세계를 경험한다.

는지 설명할 것이다. 여기서 핵심어는 '원초적 불안'이다(부록 〈그림 3〉의 어두운 부분과, 의식과 무의식의 경계 참조). 이어 임종 환자들에게서 자주 보이는 기이한 언어를 추적하고 그들의 언어를 청각적·음악적 차원과 상징적·은유적 차원에서 다루고자 한다. 5장에서 이 언어의 은유와 의미들을 목록으로 작성했다. 마지막으로 모든 종교에서 중요한 질문인 '최후'에 대해서도 잠시 언급할 것이다. 신학에서는 이를 종말론이라고 하는데,[10] 그리스어 에스카토스eschatos는 '종말' 또는 '최후'라는 뜻을 갖고 있다. 이 책은 최후의 실재, 궁극적 실재와 관련하여 죽어가는 자의 지각과 그들이 지시하는 표상에 다가서려고 한다. 이 시도를 통해 아마도 문화와 종교의 사상적 본질, 양자의 근원적이고 묵시적인 사상을 이해할 수 있을 것이다. 여기서 내게는 친숙한 유대 기독교에 나타난 죽음의 상징과 표상이 수용될 수 있다면 다른 문화를 대표하는 이들도 나처럼 자신들의 종교에 나타난 죽음의 표상을 죽어가는 사람에게 적용하고 투영할 수 있다고 주장할 것이다. 일리 있는 말이지만 그 밖의 다른 전통들도 존중해야 한다는 이유로 어찌 이 책에 모든 것을 담을 수 있겠는가. 그렇다고 해서 이런 표상들을 되새겨보는 일을 그만둘 수도 없다. 또한 특정 종교로 환자 고유의 가치를 침해하지 말아야 한다는 이유를 들어 표상들을 그냥 방치한다면 그것 역시 좋은 생각이 아니다. 왜냐하면 종교인이건 비종교인이건 상관없이 임종을 앞둔 많은 사람들이 지금 이 순간에도 불안, 죽음과의 대결, 내적인 떠밀림과 궁극적 평온이라는 표상 안에서 생의 마지막 순간을 버티고 있기 때문이다. 그리고 그들은 이 안에서 죽음과의 공명을 기다리고 있다.

중증 환자와 영적·정신적으로 함께한다는 전제 아래 이 책은 두 가지 차원을 구분하고 그에 맞는 두 가지 도전을 하려고 한다.

1. 가시적이고, 환자의 요구에 맞춰진 개별적인 죽음을 준비하는 상위 차원.
2. 은폐되고 문화에 각인되어 있으며 원형에 가까운 하위 차원(부록 〈그림 3〉의 '꿈 의식'과 '무의식' 참조). 죽어가는 사람들은 우리에게 이 차원의 상징을 이해해달라고 요구한다. 이 차원의 상징들은 인간 진화의 초기에 형성되어 유산으로 물려받은 것으로 보인다.

이 책에서 소개하는 임종 순간의 인지 전환과 의식 변화는 원형적인 하위 차원에 자리한다. 비록 환자가 내뱉는 단어와 표상이 개별적이고 문화에 특화되어 있다고 해도 임종 순간에 나타나는 현상 자체는 종교적·문화적으로 충격적이다.[11]

이 책은 가령 어느 정도까지 의학적 치료를 해야 하는지, 어디에서 죽음을 맞이해야 하는지, 어떤 방식으로 임종을 준비해야 하는지 등 실제로 죽음의 문제들에 직면했을 때 어떤 결정을 내려야 하는지를 보여준다. 이 문제들은 임종 과정 전에 이미 시작된다(핵심 단어: 사망 선택 유언*). 또한 이 책은 '인간의 존엄에 어울리는 죽음이란 무엇인가'라는 질문과 연관되어 의식 문제(의식 여부에 따른 죽음 선택 문제)를

---

* 사망 선택 유언Patientenverfügung은 환자가 의식이 없는 상태에서 중대한 결정을 내려야 할 때 도움이 된다. 사망 선택 유언은 시기별로 작성되어야 한다. 미리 작성되는 유언이지만 환자의 요구가 시시때때로 변하기 때문이다. 또한 이 유언은 더 이상 분명한 진술을 할 수 없을 경우에 환자가 정말로 원하는 것이 무엇인지를 알려준다. 일반적으로 환자들은 세세한 부분까지 과도하게 의학적인 보호를 받고 있기 때문에 (환자를 진정으로 돕는 것이 무엇인지에 대한) 의사의 조언이 필요하다. 반면 (살기 위해서는 무엇이든 하겠지만 생명을 연장하지 않는 것도 최선일 수 있다는) 환자의 의사가 분명히 표명될 경우, 이는 의사가 중대한 조언을 할 수 있도록 도와준다(Hardegger 2009 참조).

중재한다. '죽음을 자기 스스로 결정한다'는 표현은 혼란을 야기한다. 물론 개인과 의학 체계 간의 긴장 관계에서 자기 결정은 매우 중요하다. 하지만 자기 결정은 자연, 운명, 죽음, 그리고 죽음의 문턱을 넘는 문제에 직면했을 때는 이미 한계를 넘어선다. 죽음은 새로운 생명이 세상 밖으로 나오는 탄생처럼 결국에는 '일어나고야 마는 일'이다.

안락사 요구처럼 자기 스스로 죽음을 선택하고픈 환자와 마주할 때 나는 자주 음악처럼 들리는 소리를 경청한다. 가령 그는 안락사를 어떻게, 어떤 목소리 톤으로 내게 말하고 있지? 내가 환자의 불안을 듣고 있는 건가? 혹시 죽기를 바라는 소망 뒤에는 우리가 존재, 생명, 죽음을 소유하고 있다는 생각이 숨어 있는 것은 아닐까? 삶에서처럼 죽음에서도 두 가지 존재 방식 가운데 하나를 선택해야 한다. 말하자면 소유와 존재, 불안과 신뢰, 힘과 관계 중에 하나를 선택해야 한다. 물론 이 존재 방식은 살아 있음을 전제로 한다.[12] 이 책은 불안에 저항하는 중요한 답을 갖고 있으며 개별적 상황에 도움이 되는 답도 갖고 있다. 또한 안락사*, 조력 자살**, 자유 죽음에 대한 현재의 논쟁도 담고 있다.

한 번 더 물어보자. 존엄 있게 잘 죽는다는 것은 어떤 것일까? 자기중심적 사고와 소망에서 비롯한 이 질문은 답을 얻을 수 있을까? 또한 존엄한 죽음을 선택한다는 것이 자연스러운 죽음, 말하자면 죽음이 가까워지면서 우리의 의지를 스스로 제한하는 성숙한 자아에게 주어진 마지막 선물인 죽음과 모순되는 것은 아닐까? 죽음이란 개별적이고, 피할 수 없는 운명의 요구이자 구원이다. 어떤 측면에서 보면 너무 이르고 다른 측면에서 보면 너무 늦다. 또한 죽음은 항상 반 정도만 드러나고 나머지 반은 숨겨진 채로 남아 있다. 항상 죽음에는—관련된 모든 사람들과 함께—어떤 측면에서 감정적 단절이 있다. 사망은 단절이다. 죽음은 고통을 끝내는

---

* 안락사Sterbehilfe는 개념적으로 구분되어야 한다. 소극적 안락사란 더 이상의 생명 연장이 무의미하기 때문에 생명 유지에 필요한 의료 조치들을 포기하여 자연사에 이르게 하는 방법인 반면에, 적극적 안락사는 고통과 통증을 없애기 위해 약물을 투여하여 생명을 인위적으로 단축하거나 거두는 방법이다. 두 안락사를 명확하게 구분하기는 쉽지 않지만, 적어도 스위스에서는 양자 모두 인정받고 있다. 고통완화를 위한 간호는 개인의 삶 전체를 이해하고자 하는 의료적 행위로, 적극적 안락사, 조력 자살, 안락사 기관과 연관된다.

** (옮긴이주) 조력 자살Suizidbegleitung, assisted suicide이란 의료진으로부터 약물을 처방받아 스스로 목숨을 끊는 행위다. 이는 연명 치료가 무의미하여 치료를 중단하는 것과 극심한 고통을 받는 불치병 환자를 죽음에 이르게 하는 것과는 다른 개념이다. 2009년 현재 조력 자살을 허용하는 국가는 스위스가 유일하다.

동시에 가족의 슬픔을 정점에 이르게 한다. 솔직히 말해 고통 없는 죽음은 존재하지 않는다. 또한 신비 없는 죽음도 없고 미지의 세계, 비밀의 세계로 들어가는 과정 없는 죽음도 없다. 죽음의 속성을 존중하면서 죽음을 준비하는 사람에게는 비밀이 전수된다.

고통완화 의학박사인 플로리안 슈트라서와 다니엘 뷔헤에게 가장 먼저 감사 인사를 전한다. 나의 선구적인 작업에 이들이 동참하지 않았다면 이 책은 완성할 수 없었을 것이다. 또한 장크트갈렌 종합병원의 정신종양학 과장이자 나의 상사인 토마스 체르니 교수와 연구 조교인 미리암 쉬트 마오Miriam Schütt Mao 박사에게도 진심으로 고마움을 전하고 싶다. 그리고 미하엘 페우스Michael Péus, 앤 듀빈Anne Duveen, 크리스티안 렝겐하거Christian Lenggenhager 등 치료팀원들, 뮌스터링겐의 고통완화 의사인 비르기트 트라이켈Birgit Traichel 박사, 간호학을 공부하는 올리버 라이히무트Oliver Reichmuth, 고통완화 간호사인 모나 메틀러Mona Mettler에게 심심한 감사를 전한다. 장크트갈렌, 뮌스터링겐의 고통완화 병원에도 감사 인사를 전한다. 관리자인 기젤라 라이팅Gisela Leyting 의학박사, 심장 전문의이자 임사체험 전문가인 펌 반 롬멜Pim van Lommel, 내 동생 우르줄라 렌츠Ursula Renz 철학 교수, 남동생 패트릭 렌츠Patrick Renz 교수와 특별히 어머니 헬렌 렌츠에게 도 감사하다. 모든 환자들과 가족들에게 감사 인사를 전한 다. 루돌프 발터Rudolf Walter 박사와 부인에게, 이 책 출간을 지속적으로 지원한 헤르더 출판사의 카린 발터Karin Walter 박 사에게도 감사하다. 일련의 말기의료*를 담당하고 컬럼비아 대학 출판부에서 《임종의 순간: 전이Dying: A Transition》(2015) 을 펴낸 케이트 안데르손Keith Anderson 교수에게도 감사를 전 한다. 남편 위르크에게 특별한 감사를 전하고 싶다.

2015년 봄
장크트갈렌 종합병원에서
모니카 렌츠

• (옮긴이주) 말기의료End-Of-Life-Care란 진행성 노쇠·병·장해로 죽음에 이를 수밖에 없는 종말기 환자에게 생명 연장, 심신 기능 유지 등의 치료를 중지하고 신 체적 고통이나 정신적 고통을 완화·경감해주어 인생의 질을 유지·상승시키려는 종합적 조치이다.

1장

죽음을 맞이하는 순간
일어나는 일들

나는 장크트갈렌 종합병원 임종 병동에서 17년간 근무
했다. 그 과정에서 얻은 핵심 주제는 인지 전환과 의식 변화
로, 1,000여 명에 달하는 환자들의 임종을 지켜보며 경험한
것들의 정수라 할 수 있다. 이 주제는 임종이 가까운 환자의
상태, 진술, 비언어적인 시그널, 그리고 내가 개입할 때 환자
들이 보인 반응들을 현상학적 토대 위에서 관찰하여 얻은
통찰로, 세 가지 연구 프로젝트*로 학문적 검증을 거쳤다. 주

● 첫 번째 프로젝트에서는 '임사체험이란 무엇인가? 환자들에게 어떤 시그널이
   나타나고, 이 시그널을 야기하는 동력은 무엇인가? 우리는 어떻게 그들을 도울 수
   있는가?'를 다룬다[〈죽음의 전이Dying is a transition〉(Renz 외 2013b, 부록 참조),
   〈죽음의 목격자Zeugnisse Sterbender: Todesnähe als Wandlung und letzte Reifung〉(Renz
   2000/2008b) 참조]. 두 번째 프로젝트에서는 '현대인은 초월과 관련해서 무엇을
   경험하는가? 개념적으로 영성이란 무엇을 의미하는가? 환자들의 임종을 지켜보
   는 우리는 그들이 고통받을 때 찾는 신과, 그와 관련된 질문을 어떻게 다룰 수 있
   는가?'를 중요한 질문으로 다룬다[〈진행암 환자들에게 나타난 영적 초월 경험Spi-
   ritual Experiences of Transcendence in Patients with Advanced Cancer〉(Renz 외, 2015),
   〈희망과 은총Hoffnung und Gnade: Transzendenzerfahrungen in Leid und Krankheit.
   Spiritual Care〉(Renz 2014) 참조]. 마지막 세 번째 프로젝트에서는 먼저 인간의 조

제는 다음과 같다.

죽기 직전의 사람은 인지 전환(죽어가면서 지각이 변함),
의식과 무의식의 경계 통과(전이)를 경험한다. 죽음이 임
박하면 자아뿐만 아니라 자명했던 지각, 주체적이고 자
신과 연관돼 있던 지각(원했던 것, 생각했던 것, 느꼈던 것,
자기 안의 모든 욕구와 불안) 능력도 후퇴한다. 그럼에도
이렇게 후퇴한 자아 역시 우리가 반응하고 본능에 충실
한 것처럼 어떤 것에 반응하는 패턴을 보인다. 또 다른
세계, 다른 의식 상태, 다른 의미 경험, 그리고 다른 경험
방식이 등장한다. 이 모든 것은 세계관이나 신앙과는 무
관하다. 인지 전환은 존재, 관계, 존엄에 대한 우리의 경
험을 변하게 한다. 죽음은 하나의 과정이다.

건이라는 구속을 파헤친다. 예수의 말씀과 삶은 이런 맥락에서 해석된다. 문화 위
에 세워진 이 구속은 불안의, 욕망의, 권력의 구조로 이해된다. 이 구속은 죽음을
통해 풀어진다[〈심신에 각인된 상처로부터의 구원Erlösung aus Prägung: Botschaft
und Leben Jesu als Überwindung der menschlichen Angst-, Begehrens- und Machtstruk-
tur〉(Renz 2008a) 참조]. 이 세 가지 프로젝트에서 사용된 연구 방법은 실험 대상
자 관찰(데이터 수집), 현상학적 분석(해석)이다(부록 참조).

죽음은 마치 우리가 전혀 알지 못하는 영역 안으로 들어가기 위해 열어야 하는 현관문과 같다. 죽음은 현관문과 맞닿은 마당에까지 이미 영향을 끼치고 있고 인간의 의식과 인격 구조를 근본적으로 바꾸려고 시도한다. 죽음에는, 임종 환자의 반응에 따르면, 평온을 주는 동시에 공포를 불러일으키는 것, 불가피한 것이라는 비밀이 있다. 죽음은 육체적인 사망 이상의 것, 영혼·정신의 소멸 이상의 것을 품고 있다. 여기서 관찰자의 시야에서 벗어나는 어떤 것이 발생한다.

좀 더 정확히 살펴보면 '자아의 죽음Ich-Tod'(스타니슬라프 그로프의 개념)은 '실제 죽음'보다 선행先行하는 것으로 보인다. 자아의 죽음은 자아의 몰락을 가리킨다. 말하자면 자아뿐만 아니라 자아와 연관되고 자아에 속한 모든 것이 소멸한다. 자아와 연관된 모든 지각("나는 보고 듣는다"), 자아로서 느끼는 모든 감정("나는 불안하고, 기쁘고, 배고프다"), 자아가 외부를 향하여 출력하는 모든 것 그리고 자아와 구별되는 모든 차이("나는 말하고, 구별되고, 원한다")가 종말을 고한다.

여기서 자아를 충분하게 설명할 수는 없지만 다음과 같이 기술할 수 있다. 죽음이 가까운 자아에게는 자아가 모든 지각과 사고의 주체이자 인간 내면에서 본능을 조절하는 중심체라는 것이 그리 중요하지 않게 된다. 오히려 이런 자아에서 멀어져 죽음에 다가서는 인간은 총체적으로 전혀 다른 인식과 지각 차원으로 침잠한다. 여기서 '총체적ganzheitlich'이란 말을 제한하여, 가령 육체, 정신, 영혼의 합으로 환원해 이해해서는 안 된다. 오히려 물질과 에너지, 창조자, 창조물과 피조물을 포함하는 (순수 존재 개념인) '포괄적 존재Das Ganze'로서 이해해야 한다. 포괄적 존재의 다른 개념은 신성이기도 하다.

죽음과 관련하여 두 가지 지각 양식의 구분이 중요하다. 즉 주체적이고 나와 연관된 (이기적인 것과 혼동해서는 안 되는 개별적인) 지각과, 이와는 달리 포괄적이며 자아, 한계, 불안뿐만 아니라 전체적인 신체 증상을 느끼지 못하고 이를 넘어서는 지각을 구분해야 한다. 그렇다고 해서 자신과 멀어지는 지각 양식이 자아의 것이 아니라고 말할 수는 없다. 이 지각 양식 또한 자아의 다른 의식 상태이다. 이 의식 상태를 심장 전문의이자 임사체험 전문가인 핌 반 롬멜[13]은 공간에 구애받지 않는, 끝이 없는 의식이라고 했으며, 심리학자이자 신학자인 리처드 로어Richard Rohr[14]는 비非이중적인 사고와 연관해 설명한다(부록 〈그림 3〉 참조).

포괄적 존재에 다가서는 과정은 지속적이지 않고 오히려—모든 영혼적·정신적 과정처럼—갑작스럽게 발생하며, 수없이 왔다 갔다를 반복한다. 이 과정은 위기(crisis의 어원이 되는 그리스어 krisis에는 형세의 중요한 전환이 되는 결정, 판단, 의견이라는 의미가 담겨 있다)를 맞기도 한다. 하지만 늘 파국 catastrophe으로만 이르는 것은 아니다. 오히려 이 과정은 저점에만 머물지 않고 내면으로부터 새로운 것, 미래적인 것으로 나아간다. 이 과정은 파국의 어원과도 일치한다. 파국에서의 kata(아래, 낮은, 제한 없는, 너머, 통하여)는 '급격한 전환', '전향'을 의미한다.

죽어가는 사람은 보이지 않는 의식과 무의식의 경계 너머에서, 자아의 영역 밖에서 무슨 일이 일어나는지를 우리에게 알려준다. 말하자면 경계 너머와 영역 밖에 무엇이 있고 어떤 일이 일어나는지를 들려준다. 임종 환자 가운데 몇몇은 뭐라고 형언할 수 없는 소리를 낸다(예: "우~"). 어떤 사람들은 '관통'과 같은 추상적인 단어로 죽음을 표현하고 또 다른 사람들은 '추락'의 이미지를 전해준다. 어떤 이들은 묵시적 차원으로 죽음을 경험한다. 즉 그들은 "암흑이 나를 삼켜버렸지만 나중에는 천사가 암흑을 이겼습니다"라고 죽음을 묘사한다. 많은 임종 환자들은 어느 순간―이해할 수 없지만―평온을 되찾는다. 그리고 밝은 빛이 그들 내면에서 발현한다고 말한다. 이것을 나는 '영적인 개방spirituelle Öff-nung'이라고 부른다.[15]

이처럼 자아, 자기 자신에게서 멀어지는 상태에서 발생하는 일은 우선 현상 인식Phänomen Wahrnehmung과 관계한다. 시공간 차원이 급격하게 변하여 자아가 미처 따라가지도 못하고 어떤 일이 일어나고 있는지를 이해할 수도 없게 된다. 이 지점에서 동시성과 무시간성을 경험하며, 모든 시공간적 한계를 뛰어넘는 일이 발생한다. 그리고 인간 본연의 자유, 인간의 한계를 넘어서는 감각, 사랑의 빛, 평화롭고 경이로운 분위기를 경험한다.[16] 이런 짧은 경험의 전과 후는 마치 새로운 것은 아직 도래하지 않았으나 옛것은 이미 멀리 달아나버린 상태와 같다. 이 한계 영역은 자기만의 독특한 특성과 전형적인 경험 양식을 갖고 있다.[17] 일그러질 때까지 좁아진 공간 안에 붙들린 것 같은, 혹은 지루함 속에서 자신을 잃어버리는 체험을 한다. 이러한 경험과 체험은 실존적 불안과 절망을 야기한다.[18] "잘 모르겠어요!" 이렇듯 자신이 어떤 경험을 했는지를 설명하려다가 포기하고 만다. 어떤 사람은 "이때 발사되었어요!"라고 소리친다. 또 다른 사람은 잘 가고 있는 시계를 보면서 부르짖는다. "이게 날 죽이려고 해요!" 한 환자는 꿈을 꾼다. "넓은 공간이 있었습니다. 당신의 몸을 충분히 눕힐 수 있을 정도로 넓었습니다. 하지만 폭이 채 1센티미터도 되지 않았어요."

죽음을 앞둔 사람들이 신성의 영역 안으로 들어서면 분위기가 변한다. 그들은 "형언할 수 없을 정도로 아름다웠어요"라고 흥분한 상태에서 말한다. 경외심을 불러일으키는 심오한 존재와 만나면 환자들은 꿈에서 다음과 같은 말을 듣는다. "여기서 너는 눈을 감아야 하느니라", "이곳에서 너는 옷을 벗어야 할 것이니라", "너는 거룩한 경전 두루마리를 받들어라." 아마도 구약성서의 구절이 머리에 떠오를 것이다. 그 구절에 따르면 모세는 신발을 벗으라는 명령을 받고*, 엘리야는 얼굴을 가리고**, 예언자 에제키엘은 파송될

---

* 탈출기 3장 4~6절: 모세가 보러 오는 것을 주님께서 보시고, 떨기 한가운데에서 "모세야, 모세야!" 하고 그를 부르셨다. 그가 "예, 여기 있습니다" 하고 대답하자, 주님께서 말씀하셨다. "이리 가까이 오지 마라. 네가 서 있는 곳은 거룩한 땅이니, 네 발에서 신을 벗어라." 그분께서 다시 말씀하셨다. "나는 네 아버지의 하느

때 신의 음성을 듣는다. "너는 사람의 아들이니 내가 네게 이르는 말을 듣고 (…) 네 앞에 있는 두루마리를 먹어라."•••

님, 곧 아브라함의 하느님, 이사악의 하느님, 야곱의 하느님이다." 그러자 모세는 하느님을 뵙기가 두려워 얼굴을 가렸다.

•• 열왕기 상권 19장 13절: 엘리야는 그 소리를 듣고 겉옷 자락으로 얼굴을 가린 채, 동굴 어귀로 나와 섰다. 그러자 그에게 한 소리가 들려왔다. "엘리야야, 여기에서 무엇을 하고 있느냐?"

••• 에제키엘서 2장 8절~3장 3절: 임금의 분부와 어명이 공포되어, 수많은 처녀들이 수사 왕성으로 헤게의 관할 아래 모아들여질 때, 에스테르도 왕궁으로 들어가 궁녀들의 관리인인 헤게의 관할 아래 있게 되었다. 이 처녀는 그의 눈에 들어 총애를 받았다. 헤게는 서둘러 그에게 몸단장에 쓰는 것들과 음식을 주고, 왕궁에서 뽑힌 시녀 일곱을 배정하여 그와 시녀들을 후궁에서 가장 좋은 방으로 옮겨주었다. 그런데 에스테르는 자기의 민족과 혈통을 밝히지 않았다. 모르도카이가 밝히지 말라고 그에게 명하였기 때문이다. 모르도카이는 에스테르가 잘 있는지, 그에게 무슨 일이 일어나는지 알아보려고 날마다 후궁 뜰 앞을 서성거렸다. 처녀들은 후궁 여인들의 규정에 따라 열두 달이 지나면 각자 크세르크세스 임금에게 차례대로 나아가게 되는데, 여섯 달 동안은 몰약 향유로, 나머지 여섯 달 동안은 발삼과 여성용 화장품으로 몸을 다듬었다. 이 기간이 끝나 처녀가 임금에게 들어갈 때면, 원하는 것은 무엇이든지 갖추어져 후궁에서 왕궁으로 보내졌다. 저녁에 들어갔다가 아침에 돌아오는데, 이때는 내명부들을 관리하는 임금의 내시 사아스가즈 관할 아래 다른 후궁으로 들어갔다. 그리고 임금이 그를 좋아하여 직접 호명하지 않으면 더 이상 임금에게 나아가지 못하였다. 마침내 아비하일의 딸로서 사촌 모르도카이의 양녀가 된 에스테르가 임금에게 나아갈 차례가 되었다. 그런데 그는 궁녀들을 관리하는 임금의 내시 헤게가 정한 것 말고는 아무것도 청하지 않았다. 에스테르는 그를 보는 모든 이들의 귀여움을 받았다. 이렇게 에스테르는 궁궐로 크세르크세스 임금에게 불려 가게 되었는데, 그의 통치 제칠년 열째 달인 테벳 달이었다. 임금은 다른 어떤 여자보다도 에스테르를 사랑하게 되어, 그는 모든 처녀들보다 임금의 귀여움과 총애를 더 많이 받았다. 임금은 에스테르의 머리에 왕

인지 능력이 떨어지는 변화, 자아에서 존재로의 전이, 즉 자아 중심적 존재에서 더 큰 존재(전혀 다른 존재, 포괄적 존재)로의 전이, 자존적 존재에서 포괄적인 존재로의 전이는 죽음에서 가장 본질적으로 경험하는 영혼적·정신적 과정이다. 죽어가는 사람의 모든 힘은 이런 전이를 수행해야 한다는 과제에 집중된 것처럼 보인다. 그래서 그의 힘이 우리에게는 보이지 않는 것 같다. 죽음의 다른 양상, 말하자면 이

관을 씌우고 그를 와스티 대신 왕비로 삼았다. 임금은 대신들과 시종들을 위하여 큰 잔치를 베풀었다. 이렇게 '에스테르의 잔치'를 벌이고, 모든 주에 면세를 베풀며 임금답게 풍성한 선물을 내렸다. 처녀들이 두 번째로 모집될 때, 모르도카이는 궁궐 대문에서 근무하고 있었다. 에스테르는 모르도카이가 명한 대로 자기의 혈통과 민족을 밝히지 않았다. 모르도카이의 양육을 받을 때처럼 에스테르는 그가 말한 대로 하였다. 모르도카이가 궁궐 대문에서 근무하고 있을 그때에, 어전지기들 가운데 빅탄과 테레스라는 임금의 내시 둘이 불만을 품고, 크세르크세스 임금을 해치려 꾀하였다. 이 일이 모르도카이에게 알려져 그는 에스테르 왕비에게 알리고, 에스테르는 이를 모르도카이의 이름으로 임금에게 고하였다. 이 사건이 조사되어 사실로 드러나자 그 두 사람은 말뚝에 매달리게 되었다. 이 일은 임금 앞에서 궁중 일지에 기록되었다. 이런 일들이 있은 뒤, 크세르크세스 임금은 아각 사람함므다타의 아들 하만을 중용하였는데, 그를 들어 올려 자기 곁에 있는 모든 대신들보다 높은 자리에 앉혔다. 궁궐 대문에서 근무하는 임금의 모든 시종들이 하만 앞에서 무릎을 꿇고 절을 해야 하였으니, 임금이 그렇게 명령하였기 때문이다. 그러나 모르도카이는 무릎을 꿇으려고도 절을 하려고도 하지 않았다. 그러자 궁궐 대문에서 근무하는 임금의 시종들이 모르도카이에게, "자네는 왜 임금님의 명령을 거역하는가?" 하고 말하였다.

별, 우리가 이해하기 어려운 단어 선택, 불안, 절망은 이러한 과정에서 또는 과정으로부터 이해되어야 한다. 이 양상 역시 매우 중요한데 놀랍게도 현재 임종 과정과 임종 준비에서는 2차적인 것으로 취급된다.

우리는 죽음의 문턱을 넘는 전이의 사건을 만족할 만한 수준으로 설명할 수는 없을 것 같다. 죽어가는 사람의 말은 언제나 상징적이다. 안타깝게도 우리는 죽음의 비밀에 가까이 접근했음에도 불구하고 만족할 만큼 죽음에 대해 말할 수 없을 것 같다. 죽음에 대한 접근이 이처럼 제자리를 맴도는 이유 중 하나는, 개인의 개별적 경험에 의존하기 때문이다. 죽음은 개별적인 동시에, 최후의 비밀에 가까이 다가서는 고유의 접근 방법만큼이나 다양한 형태를 띠기에 그렇다.

2장

죽음의 문턱을 건너다

죽음은 하나의 과정이다

임종 연구의 선구자인 엘리자베스 퀴블러 로스Elisabeth Kübler-Ross는 죽음을 부정, 분노, 타협, 우울, 수용의 5단계로 정의한다.* 그녀가 규정한, 타인의 죽음을 애도하는 과정과 유사해 보이는 임종 과정은 죽음을 거부하고 강렬하게 저항

---

* (옮긴이주) 엘리자베스 퀴블러 로스(1926~2004)는 스위스 취리히대학에서 의학을 공부하고 1958년 남편과 함께 미국으로 이주했다. 그녀는 인간이 죽음에 어떻게 대처하는지를 관찰한 다음에 임종을 맞이하는 사람이 어떤 도움을 필요로 하는지를 연구했다. 1969년에 발표한《죽음과 죽어감On Death and Dying》에서 그녀는 죽음을 5단계로 설명한다. 자신이 불치병에 걸렸음을 알게 되면 방어기제를 통해 진단 결과가 오진이라고 생각하고 여러 병원을 방문한다(부정). 진단 결과가 바뀌지 않음을 깨달으면 자신뿐만 아니라 타인에게 분노를 표출한다(분노). 이어 죽음을 미룰 수 있다는 희망을 품고서 높은 존재, 힘에 의존한다(타협). 자신의 죽음에 어쩔 도리가 없다는 것을 이해한 후에는 슬픔, 두려움 등의 감정에 휩싸여 사람들과의 만남을 회피한다(우울). 마지막에는 죽음을 받아들이는 초연한 자세, 평온한 상태에 이른다(수용). 퀴블러 로스의 노력은 호스피스 운동과 고통완화 의학의 초석이 되었다.

하다가 결국 죽음을 받아들이는 통과의례처럼 보인다. 물론 이러한 특성은 내 경험에서도 확인된다. 큰 용기를 갖고서 죽어가는 사람과 의사소통을 하던 경험들을 돌이켜보면 퀴블러 로스의 저작에 나타난 의미 있는 가치들을 확인할 수 있다. 하지만 그녀의 견해는 죽음의 비밀을 이해하기엔 아쉬운 점이 다소 있다. 비판가들은 퀴블러 로스의 주장을 일차원적이고 지나친 병리학적 견해라고 본다.[19] 퀴블러 로스는 죽음의 순간에 대체 무슨 일이 벌어지는지를 설명하지 않고 다만 죽음이 얼마 남지 않았다는 확진을 받고 나서 쇼크, 상실, 비운을 어떻게 받아들이는지를 보여주는 내적인 여정만을 묘사한다.

이와 같은 삶의 여정과 임종 과정, 정확히 말해서 임종 과정에서의 '변혁'은 서로 종류가 다르다. 죽음 전에는(삶에서는) 한 가지 이상의 여러 여정이 존재하지만, 죽음에 이르면(임종 과정에서는) 가장 큰 변혁과 의식 전환만이 거의 발생한다. 죽음 전의 삶의 여정은 현실적이고 자아로부터 적극적으로 시작되는 반면(그래서 직선적인 반면), 급격한 변화에 접어든(임종 과정에서의) 자아는 수동적이다. 죽음이 점점 다가오면서 임종 과정에서의 변화를 겪게 될 자아는 무언가 생각하고, 이해하고, 기대하고, 주도하는 것을 포기해야 하는 엄청난 한계에 직면한다. 다시 말해 자아가 변혁에 할 수 있는 일은 단지 체념밖에 없다. 임종 전 숨이 넘어가는 순간의 변혁은 인간을 예기치 못한 차원 속으로 밀어 넣는다. 은유적으로 말하자면 변혁은 인간을 직선적인 생명에서 존재의 순환으로 끌어들인다. 그런데 이러한 '변혁의 과정'을 그저 '여정'으로 설명하는 모델들이 있다. 그 모델들은 성숙의 길,[20] 대처 전략*과 전략 수립[21]에 초점을 맞춘다(22쪽 각주 '사망 선택 유언' 참조). 이 모델들은 변화를 겪는 의식과 인지 전환 현상을 다루지 않으며, 로스의 것처럼 죽음의 수용—가능성만이 중요하게 취급된다.[22] 이런 모델들과 비교하여 잠시 다룰 것은 근본적인 변혁 과정과 관련된 동의의 문제이다. 여기서 동의는 죽어가는 사람들이 생명의 끈을 그만 놓아야 할 때가 되었음을 (그리고 그 순간에 발생한 변혁을) 인정하고 받아들이는 것으로서, 그들이 겪는 여러 핵심 문제들 중 하나이다. 이처럼 죽음을 긍정하는 것은 '완전히 삶을 내

---

* (옮긴이주) 심리학에서 대처 전략Copingstrategie이란 개인과 인간관계에서 발생하는 스트레스나 갈등을 해결, 최소화하려는 방안으로, 리처드 라자러스Richard Lazarus의 스트레스 모델이 이에 해당한다.

려놓기' 위한 조건인 동시에 삶을 내려놓는 행위 표현이다 (이에 대해서는 부록 〈A 씨: 관찰 기록에서 발췌〉 참조).

변혁이란 자아가 (전혀 다른 존재, 포괄적 존재와 연관되는) 존재로 전환되는 불가피한 변화로, 현존재가 자아로서 존재하는 마지막 순간에 맞이할 수밖에 없는 변화이다. 자기중심적인 주체로 구체화(물질화)되었던 육체가 죽는 것이다! 이런 죽음으로―죽음의 순간에 접어들었을 때도 마찬가지로―자아에 내재하는 인지 능력뿐만 아니라 자아로서 겪었던 모든 경험이 상실된다. 죽음은 마지막 순간에 인간의 의식이 (급격하게) 변화할 때 자기 모습을 드러낸다.

내가 이해한 임종 과정은 세 단계로 나뉜다. 죽음의 문턱에 선 인간은 세 단계의 상태 변화를 거친다. 이 과정은 매우 다양한 양상으로 진행된다. 나는 통과 이전(의식과 무의식의 내적 경계 전), 통과 순간(이 경계를 넘는 순간), 그리고 통과 이후(경계를 통과한 이후)에 대해 설명하고자 한다. 여기서 통과 이후란 '내세'가 아닌, 여전히 이승에 머물러 있지만 이승에서 가장 멀리 있는 상태를 가리킨다(부록 〈그림 3〉 참조). 현상학적 관점에서 보자면 우리는 내세에 대해 아는 바가 없다. 여러 종류의 종교적인 내세는 '신앙'의 토대 위에서 언급되지만 우리가 죽음에 대해 아는 바가 없듯 내세에 대해서도 모르고 있음을 인정해야 한다. 그래서 이 책에서 나는 죽음의 영원한 비밀에 다가설 때 이중적인 태도를 취할 수밖에 없다. 이중적인 태도란 임사체험을 한 사람들의 증언, 종말론(말세에 관한 이론)에 대한 종교의 은유적 진술을 통해 죽음에 대해 말할 수 있음과 동시에 우리가 죽음에 대해 전혀 아는 바가 없음을 의미한다. 이런 극단적인 태도를 고수하면서까지 임종 과정을 다루고자 하는 이유는 우리 모두가 죽음을 맞이할 수밖에 없다는 사실과 그때 제기되는 질문이 중요하기 때문이며, 고양된 정신이 필연적으로 갖고 있는 지적 호기심 때문이다. 임사체험이 의식과 무의식의 경계를 넘나드는 상태를 경험하는 것으로 이해된다면 죽음의 단계는 더 자세히 설명될 수 있을 것 같다.

죽음의 문턱에서
: 의식과 무의식의 경계 통과 이전

인간은 죽음이 가까워지면 의식과 무의식의 경계 앞에

서게 된다(부록 〈그림 3〉의 어두운 부분). 이 경계는 인간에게 '종말', '몰락'을 의미한다. 물론 종교인들도 예외는 아니다. 그들은 고난에 처하면 먼저 자신들이 믿던 신에게 실망감을 표현한다. 이런 경우에 신의 문제를 배제하지 않는 심리 치료사나 상담사가 새롭고 적합한 신의 표상을 찾아주기도 한다.

경계 이전은 사람의 숨통을 조이는 시간이다. 이 시간은 자아에게 속해 있던 것, 자아였던 모든 것, 자아 안에 있는 모든 정체성과 희망을 자아에게서 빼앗는다. 또한 이런 상실이 계속 진행되면서 나타나는 자아의 모든 반응, 불가피한 상실을 인정할 것인가를 놓고 고민하는 갈등, 작별 준비, 유언장 정리가 이 시기에 해당한다. 이때 가족이 다시 화합하는 긍정적인 일이 일어나기도 한다(카타르시스). 수년간 막혀 있던 에너지가 가족뿐 아니라 죽음을 맞이하는 사람에게서 한꺼번에 터져 나온다. 어떤 환자들은 다시 한 번 자신의 삶을 돌아보고 예상치 못한 의미 차원에서 영향을 받기도 한다.[23]

이와 더불어 눈사태가 덮쳐 오듯이, 용의 목구멍 안으로 빨려 들어가듯이 죽음의 순간이 하루하루 가깝게 다가온다.

실신, 신체 움직임의 현격한 감소, 간간이 찾아오는 통증, 가려움, 갈증, 구역질 등은 빈번하게 굴욕을 안긴다. 임종 환자들은 자신의 육체가 시공간적으로 제한되어가는 것을 경험한다. 마치 몸이 떨어져 나가는 것 같은 통증을 느끼면서 눈앞이 깜깜해진다. 그들은 말한다. "매일 아침 더 악화되고 쇠약해지는 것 같아." "난 신을 증오해. 신이 나한테 어떻게 이럴 수 있어?" "한평생 청결하게 살았는데, 지금 나한테 시체 썩는 냄새가 나." 그들은 이때 두려움에 떨면서도 가족을 위해 힘겹게 버틴다. 가족 역시 인내하고, 죽어가는 사람과 함께 (단지 내적으로만) 죽음의 길에 동행할 것을 요구받는다. 또한 가족은 강요받는다. 지금 이 순간을 버텨내라고, 죽어가는 사람의 마지막 순간까지 동행하라고, 사랑하는 사람이 운명의 짐을 질 수 있도록 곁에서 격려하라고 말이다.

어떤 도움이 필요한가

경계 통과 이전에는 최고의 고통완화 의학과 간호가 필요하다. 성실한 돌봄 서비스와 더불어 환자에게 과하지 않으면서 고통을 덜어주는 세심한 약물 복용도 필요하다. 이 시기를 잘 넘기 위해서는 경험 지식도 요구된다. 말하자면 견뎌내기가 너무나 버거운 이 상태는 통과의례이면서―아직 진행 중이긴 하지만―이전과 비교할 수 없는 완전히 다른 현실이란 점을 미리 알고 있다면 이 시기를 넘기는 데 도움이 된다. 또한 환자들과 가족들이 추상적으로 경험할 수 있는 임사체험도 좋다. 이 외에도 그들에게 개입과 반응의 형식을 갖춘 전문 지식이 도움 될 때가 있다. 다시 말해 전문가의 도움을 받은 그들은 안정감을 느낄 뿐만 아니라 자신들이 안내를 받고 있다는 편안한 감정도 갖는다. 이런 지식은 환자가 자신의 신체, 정신, 생명까지 더 이상 통제할 수 없을 때 더 중요해진다. 어떤 환자들은 의료 기기에 의존한 의미 없는 생명 연장을 원하지 않는다. 그런 환자들에게는 사망 선택 유언장을 미리 작성하게 하는 것도 도움이 된다. 환자 자신은 물론 가족들도 환자가 잘 대우받고 있다는 인상을 받고 싶어 한다. 가족은 환자의 시야에서 벗어나지 않고 환자 '곁'을 지키는 것이 좋다. 마치 환자의 육체적·정신적 현실을 함께하는 것처럼 말이다. 비록 가족은 환자만큼 변화를 겪지는 않지만 환자의 내적 과정에 전적으로 함께한다는 것은 분명하다.

그러면 경계 통과 이전의 환자는 어떤 상태에 놓여 있을까? 그를 도와줄 수 있는 일이 남아 있을까? '항복'은 참으로 어려운 말이다. 이 말은 오직 관련된 사람에게만 해당한다. 통과 이전의 인간은 앞으로 자신에게 어떤 일이 발생할 것인지 전혀 알지 못한 상태에서 계속 앞으로 나아간다. 그리고 이런 상태에서 그가 할 수 있는 일은 그저 자신의 상황과 상태를 받아들이고, 삶의 모든 것을 포기하고, 단념하는 것뿐이다. 만약 통과 이전의 경험을 또다시 겪을 때 이전처럼 경직된 상태가 아닌 이런 개방된 상태(항복, 수용, 포기, 단념)에서 겪는다면 육체와 정신은 이완될 수 있고 약물 효과는 이전보다 더 높을 것이며 내면의 정신적 과정은 변혁에 앞장설 수 있다.

경계 통과 이전의 존엄에 관하여

경계 통과 이전의 존엄에 대한 질문은 고통에 몸부림치면서도 자기의식을 갖고 있는 인간에게 존엄에 관한 질문을 하는 것과 같다. 이 상황에서도 환자는 존엄을 경험할 수 있어야 하는데, 현실은 그렇지 못하다. 고통 속에서의 존엄은 다음과 같다.

1. 환자가 대우받고 존중받고 있다는 느낌을 받을 때 존엄은 생성되고 경험될 수 있다.

2. 존엄은 인내를 요구하는 강한 인격에서 비롯한다. 이 강한 인격은 외부의 강요에 의해 형성되지 않는다. 환자 내면으로부터 강한 인격이 형성되어 환자는 고통을 인내하고 존엄을 유지할 수 있다. 고통 속에서의 존엄은 고통을 견뎌내고 내적으로 올곧은, 자기애를 다시 한 번 억누르는 내면의 인격 크기에 달려 있다. 따라서 존엄은 성숙의 기준이 된다. 또한 존엄은 고통과 모순에 얽매인 사람보다는 그러한 상황에서도 의연하게 대처하는 사람에게서 드러난다.

3. 고통 속에서의 존엄은 인간의 본질, 개별성과 같은 침해할 수 없는 가치에서 생성된다.

우리는 첫 번째 항목을 잘 알고 있다. 인간을 존엄 있게 대우하고 돌봐야 함은 보편적인 의무이며 오늘날에도 여전히 효력을 발휘한다. 따라서 이 책은 존엄의 문제, 무엇보다 임종 준비의 방향에 대해 질문한다. 말하자면 어떻게 환자를 그들의 상황과 인지 양식에 맞게 보살펴야 하는지 질문한다.*

두 번째 항목, 내면으로의 방향 전환과 내적 과정으로의 행보는 결코 쉽지 않다. 존엄은 전문 지식을 갖춘 사람들이 환자를 살피고 돌본다고 해서 경험할 수 있는 게 아니다. 많은 환자들이 외부의 도움을 받아들이지 않고, 자존심 또는 반항심으로 이웃의 사랑과 간호를 거부하며, 자신은 보살핌이 필요한 존재라는 것과 약해졌다는 사실을 부인하곤 한다. 그래서 그들은 고통 속에서 이전처럼 지내려고 하기 때문에 당연히 저항하고, 동시에 조만간 죽을 수밖에 없다는 사실을 거부하면서 자신을 누군가에게 맡겨야 한다는 것도 받아들이지 못한다.

고통 속에서의 존엄 문제는 존엄을 소중히 여기는 주변 분위기뿐만 아니라 환자 자신의 의지와도 관계된다. 존엄은 성숙한 인간, 모순적인 상황에서도 모든 것을 숙명으로 받아들이지 않고 여전히 의연하게 대처하는 능력을 갖고 품위 있게(상황에 따라 적절히, 과정에 맞게, 자기만의 독특한 양식에

---

* (옮긴이주) 이에 대해 한국 호스피스 협회(www.hospicekorea.com), 호스피스 완화의료(hospice.cancer.go.kr) 사이트를 참고하면 유용하다.

따라) 행동하는 사람에게서 보인다. 이 성숙한 사람에게서, 소위 정신적 자유를 누리는 사람에게서 운명에 대한 내면적인 비의존성과, (신이라고 부르든 아니든 간에) 궁극적인 존재와의 관계성이 표현된다(에디트 슈타인Edith Stein*과 디트리히 본회퍼Dietrich Bonhoeffer**의 증언 참조). 고통받는 동시에 존엄과 사투를 벌이고 있는 인간은 의존성과 자유 사이에서 가장 치열한 갈등까지 겪는다. 그런데 왜 하필이면 의존성일까? 어째서 인간은 타인과 연관된 존재일까?

존엄은 자신뿐만 아니라 타인과의 올바른 관계를 지칭하는 용어다. 동시에 자율의 표현이자 (거부가 아닌) 긍정의 표현이며 본질에 다가서려는 '불굴의 의지'다. 자신을 타인과 관계 맺고 동시에 자율성을 갖는 것은—인간이 이에 대해 언급하든, 침묵하든, 지적이든, 단순한 사회적 관계에 있

• (옮긴이주) 에디트 슈타인(1891~1942)은 엄격한 유대 가정에서 태어났지만 가톨릭으로 개종했고, 후설에게 현상학을 배웠다. 가르멜 수녀회에 입회했으며 나치의 유대인 박해를 피해 네덜란드로 피신했으나 결국 붙잡혀 폴란드 아우슈비츠 수용소에서 죽었다. 요한 바오로 2세에 의해 성인으로 시성되었다.

•• (옮긴이주) 디트리히 본회퍼(1906~1945)는 목사이자 나치를 반대하는 고백교회 설립자들 중 한 사람이다. 그는 히틀러를 암살하는 계획에 동참했다가 발각되어 독일 플로센뷔르크 수용소에서 교수형에 처해졌다. 그는 유언에서 "죽음은 끝이 아니라 영원한 삶의 시작이다"라는 말을 남겼다.

든 상관없이—오직 성숙한 인간의 인격에서만 가능하다. 천사와 씨름하는 야곱이 말한다. "당신이 나를 축복해주시지 않는 한 당신을 놓아주지 않을 겁니다."* 또한 불구가 된 프란츠 로젠츠바이크Franz Rosenzweig**는 말한다. "먼지와 재로 변할 테지만 나는 여전히 거기에 있을 것입니다."24 파킨슨병과 암으로 고생한 여성이 설명한다. "절망에 빠졌을 때부터 언제나 그분은 저의 이름을 부릅니다. 언제인지는 알 수 없지만 어느 순간 신이 '거기에' 있었습니다." 수년 전부터 휠체어에 의지한 젊은 남자가 꿈을 꾸었다. "저는 신성한 빛을 보고 서 있었습니다." 한 여성 환자가 짧지만 현명하게 말했다. "아무리 어려워도 모든 것이 가치 있다고 생각해요." 임종 자리에서 그녀가 경험했던 커다란 사랑은 긍정적으로 죽음을 수용할 수 있음으로 변해 있었다. 그들의 고백

---

* 창세기 32장 27절: 그가 "동이 트려고 하니 나를 놓아다오" 하고 말하였지만, 야곱은 "저에게 축복해주시지 않으면 놓아드리지 않겠습니다" 하고 대답하였다.
** (옮긴이주) 프란츠 로젠츠바이크(1886~1929)는 독일 역사가이자 유대 철학자이다. 기독교 신앙을 갖고 있던 친구들과 대화하여 발전시킨 유대 종교철학은 종교 간 대화의 초석이 되었다. 또한 헤겔의 정치철학을 분석한 그의 박사 학위 논문은 교수 자격 논문으로 발전하여 1920년 《헤겔과 국가Hegel und der Staat》라는 제목으로 출간되었다. 그 후 근육이 마비되는 근위축성 측삭경화증을 앓으면서도 저술 활동을 이어가다 1929년 끝내 생을 마감했다.

에서 우리는 죽음에 대처하는 태도, 성숙, 인격을 말할 수 있다. 이런 존엄은 우리에게 무엇인가를 일러주지만 단지 소수의 환자들만이 이를 기억한다. 그런데 이에 대해 나의 설명을 들은 많은 환자들은 존엄을 즉시 인정하고 다음과 같이 말했다. "만약 이런 존엄을 인지하지 못했더라면 이렇게 험난한 시간과 과정을 견뎌내지 못했을 것입니다. 이 존엄을 통해 약해지기보다는 오히려 더 강해졌습니다."

세 번째 측면, 침해되어서는 안 되는 인간의 존엄이 어디에 근거하는지를 우리는 묻지 않을 수 없다. 자아의 기능 때문에, 말하자면 자신을 위해 무엇을 할지 결정하고 행하는 능력 때문에 인간은 존엄한 존재일까? 아니면 존엄은 인간 즉 기능적 자아보다 더 많은 것을 지닌 존재, 욕망과 천성 이상의 것을 지닌 존재와 관계되는 개념일까? 칸트에 따르면 인간은 도덕적인 본질로서, 자율 능력을 지닌 이성적 존재로서 존엄을 갖고 있다고 한다.[25] 여기서 나는 자율이라는 단어 사용을 정확히 되새겨보는 것이 중요하다고 생각한다. 칸트는 존엄을 침해할 수 없는 인간의 내적 가치로 본다. 인간이 존엄을 가지고 있다는 그의 주장은 정언적이며, 경험적 또는 심리적인 것과는 아무런 관련이 없다. 인간이 인격적 존재이기 때문에 존엄을 갖고 있다는 칸트의 명제는 인간이 자아를 통제하고 있음을 가정하지 않는다.

존엄이 기능적 자아에 의존하고 있는지 또는 인간이 침해받을 수 없는 존재임을 나타내는 표현인지를 묻는 문제는 수많은 중증 환자들을 보면 답이 나온다. 신체를 마음대로 움직일 수 없다는 사실 때문에 중증 환자들은 자신이 쓸모없고, 가치 없다고 생각한다. 이런 논의가 그릇된 방향으로 나아갈 경우 환자들은 존엄을 자기 결정과 혼동하게 되어 다음과 같이 말한다. "나는 쓸모없는 존재야. 혼자서 뭘 먹을 수도 없어. 할 수 있는 일이라곤 그저 누워 있는 것뿐이야." 이처럼 자신을 비하하는 환자의 말을 나는 자주 듣는데 안타깝게도 이런 말을 앞으로도 계속 듣게 될 것 같다. 우리는 환자의 근본적인 존엄을 소멸해서는 안 된다. 죽음을 앞둔 어떤 사람은 자신의 존엄을 분명히 확신할 수 있는 영적인 경험을 하고 나서 더듬거리며 말했다. "(존엄은) 마치 왕관과 같은 것이었어."

성품이 고상하고 친절한 일흔 살의 레흐만은 종양 환자로, 밤에 찾아오는 요실금으로 고생하고 있다. 그런데 그가 정작 견디기 힘든 이유는 요실금 자체가 아니라 타인의 도움을 받아야 하는 자신의 처지다. 그는 굴욕감과 함께 (그가 언급했듯) "남자로서의 자존심"을 강탈당했다고 느낀다. 그는 눈물을 흘린다. 또한 악몽과 환각에 시달린다. 그에게 가까이 다가가 묻는다. 그는 고개를 흔들면서 말한다. "항상 똑같아. 나는 달리기 선수가 되어 원형 경기장에서 열심히 뛰어야만 해. 내기에서 이기기 위해서 말이야. 하지만 한 치 앞도 나아갈 수가 없어." 최근에는 경기장 안에 문 하나가 새로 생겼고 그는 문 안으로 들어가야만 한다고 한다. 문제는 그가 밑으로 기어 들어가야만 한다는 것이다. 이상하게도 그 문은 공작의 깃털 두 개로 만들어져 있다고 한다. 그는 마치 그곳에 뿌리를 내린 것처럼 우두커니 서서 움직이지 못한다고 한다.

그의 꿈이 흥미롭다. 원형 경기장에서 그는 열심히 달려야 하지만 몸이 따라주지 않는다. 그가 원하는 대로는 몸이 움직이지 않는다. 밑으로 기어 들어가야 하는데 마치 몸이 땅에 박힌 듯 옴짝달싹못하고 그냥 서 있다. 그리고 공작의 깃털로 만들어진 문……. 악몽에 가까운 그의 꿈 이야기를 듣고 나서 그의 꿈에 관심을 갖게 되었다. 내 생각에 그의 꿈은 요실금으로 수치심을 맛보아야 하는 상황에서 비롯했다.

요실금으로 타인에게 의지해야 한다는 강압은 꿈에서 원형 경기장에서 무조건 뛰어야 하는 것으로 표현되었고, 수치심은 밑으로 기어 들어가야 한다는 굴욕감으로 나타났다. 과거에 자존심이 강했고 성품이 고상했던 사람이 바닥으로 떨어지면 굴욕감을 맛보기 일쑤이다. 그의 강한 자존심이 꿈에서는 공작의 깃털로 표현된 듯하다. 동물 세계에서 수컷 공작이 1미터 길이의 깃털을 부채꼴 모양으로 펼치는 것은 암컷 공작에게 짝짓기 준비가 되었다는 신호를 보내기 위함이다. 깃털 모양이 부채꼴에 가까울수록 더 매력적이다. 하지만 남성성이 떨어져 자존심이 상한 레흐만은 자신의 한계를 받아들이는 고통을 겪어야만 했다.

레흐만은 마음을 바꾸었다. 비록 이성적으로 이해하지는 못했지만 꿈의 해석이 옳다고 직관적으로 느꼈다. 또한 공작이 꼬리 깃털을 펼치는 것과 자신의 존엄 간의 상관관계에 대해 깊이 생각했다. 이후로 그는 한동안 악몽을 꾸지 않았다. 내면에서부터 무언가 달라졌다. 그는 각축전이 벌어지는 원형 경기장에 등장하는 것만으로 만족했다. 자신의 병약함을 인정했고 새로운 자유를 알게 되었다. 그는 하루 종일 졸리다고 말했다. 아직 그에게는 의식과 무의식의 경계를 통과하는 순간 ―죽음 직전의 경계 ―이 남아 있었지만 얼마 뒤 비교적 짧은 시간 안에 이 경계를 통과했다. 이때 그는 '자신이 죽음으로 향하는 존재임을 반복해서 인지해야' 임종을 잘 준비할 수 있다는 것도 깨달았다.

경계 통과 이전은 우리가 환자를 돌보는 과정에서 대부분 인지할 수 있는 상태이다. "만약 내가 이 상태에 있게 된다면, 그러면 ○○○ 할 수 있을 것 같아." 이렇게 말할 수는 있으나 아직 끝이 아니다.

죽음의 문턱에서
: 의식과 무의식의 경계 통과 순간

때가 되면 환자들은 의식과 무의식의 경계를 직접 경험한다. 경계 통과 순간에는 마치 자아에게 '일어나는' 모든 경험이 절정에 달하는 것 같다. 이때 삶의 끈을 내려놓는 일이 발생한다. 경계를 통과하는 순간에 기나긴 고통을 끝낸다는 긍정적인 측면이 분명 있다. 말하자면 "드디어 죽는구나"라고 읊조릴 수 있다. 하지만 현실에서 우리를 지배하는 것은 부정적인 측면인 절망이다.

의식과 무의식의 경계를 넘는 이 순간은 불가피한 통과의례이고 통과하는 시간은 수 분, 수 시간, 수일이 걸리기도 한다. 출생과는 달리 죽음을 앞둔 통과의례는 매우 다양하게 경험된다. 왜냐하면 환자들은 의식과 무의식의 경계를 왔다 갔다 하기 때문이다. 그들은 생의 마지막인 죽음의 문에 다가서지만 이내 놀라서 뒤로 물러서고 만다. 한 번으로 끝나버리는 출생과 비교하여, 비록 환자들이 경계를 통과하고 있는지 우리가 확실히 알 수 없더라도, 임종 과정은 매번 반복된다.

70대 노인인 하우저는 내 앞에서 몸을 떨고 있다. 한 손으로 창살을 있는 힘껏 붙잡고 있다. 눈을 크게 뜨고 숨도 쉬지 않은 채 나를 빤히 쳐다본다. 하지만 나를 알아보지 못하는 것 같다. 그는 공포에 질려 몸을 떤다. 그의 눈에는 내가 유령처럼 보이나? 내 이름을 말하면 혹시나 나를 알아보지 않을까 기대한다. 하지만 말해도 변한 것은 없다. 그의 손은 (나에게는 보이지 않는) 무얼 옆으로 밀어내듯이 휘젓는다. 내가 다시 한 번 또박또박 말한다. "하우저 씨, 계속해서 앞으로 나아가세요. 당신은 아마도 터널 한가운데에 계실 겁니다. 그 안에는 아주 끔찍한 것들이 있을 거예요. 또한 거대한 문도 있을 거예요. 그 앞으로 가시면 문이 열릴 겁니다. 다른 환자분들도 만나셨어요. 그분들이 저에게 말씀해주셨어요." 하우저는 흘깃 나를 쳐다본다. 얼마 뒤에 거대한 문이 열린 것 같다. 경직되었던 그의 근육이 이완되고 손에서 힘이 풀린다. 얼굴에는 미소와 함께 경이로운 표정이 남아 있다. 한동안 조용하다가 갑자기 나를 놀라게 하고는 이내 다시 평온해진다. 두 시간 동안 우리는 그런 식으로 함께 싸웠다. 그가 잠들 때까지. 이튿날 날이 밝자 그는 아내에게 왜 자기가 어젯밤 죽을 수 없었는지를 힘겹게 털어놓았다. 그는 나를 전혀 알아보지 못했지만 자신의 죽음이 곧 다가올 것을 예감하고 있었다. 저녁에 그는 더는 의식과 무의식의 경계를 넘나들지 않고 평온하게 죽음을 맞이했다.

경계를 통과하는 순간이 언제나 외부로 표출되는 것은 아니다. 또한 언제나 극적이지도 않다. 그나마 앞서 묘사한 예를 통해 우리는 환자가 경계를 넘는 순간에 어떤 일이 일어나는지를 짐작할 수 있다. 그리고 이 순간에 우리의 지각 능력, 신뢰할 수 있는 모든 구조(위-아래, 밝음-어둠, 나-너)는 상실되는 것 같다. 그나마 남아 있는 것은 임종 과정, 즉 내적 움직임과 변형, 불안 그리고 가끔 내적 존재가 겪는 추상적인 경험이다. 예를 들어 환자들은 중력에 대해 자신의 지각이 변하고 있음을 느낀다. 이를 상징적으로 은유적으로 종종 경험한다. 그들은 바다 위에 떠 있는 얼음덩이들 사이에 매달려 있는 자신을, 용의 목구멍 속으로 빨려 들어가는 자신을 발견하거나 위협적인 동물이나 기계에 붙들린 자신을 보기도 한다. 또한 그들은 자신 곁에 목욕 용품이 있다고 하기도 하고, 자신의 몸을 구석구석 씻는다고도 한다. 어떤 사람에게는 흉물스러운 거미가 나타나기도 한다. 묵시적 차원에서 어둠/암흑/어두운 힘/'악'을 경험할 수도 있다. 훨씬 더 자주 이 통과 순간에 몸의 생물학적 반응, 즉 소름이나 오한을 느끼기도 하고 식은땀을 흘리기도 하며 심지어 고통을 느끼기도 한다. 바로 원초적 불안이 드러나는 순간이다! 자아도 마찬가지로 압도당한다. 동시에 압도적인 힘에 쉽게 굴복하고 만다. 이 일은 순식간에 일어나기도 하지만 어떤 경우에는 천천히 그 안으로 녹아들기도 한다.

어떤 도움이 필요한가

경계를 통과하는 환자를 돕는 일은 넓은 의미에서 보

면 산부인과 의사의 일과 같다! 증상 조절, 약 처방, 특별한 경우에 일시적 진정제 투여(15쪽 각주 참조)가 필요하다. 그 외에도 간병인의 세세한 보살핌과 환자 곁을 지키는 가족의 사랑이 도움 된다. 특히 환자에게 시간 관념이 없을 경우에 더더욱 이런 도움이 필요하다. "나만 내버려둔 채 몇 시간 동안 싸돌아다니는 이유가 뭐야?" 자포자기한 남편이 부인에게 소리쳤다. 하지만 아내는 단 5분간 병실 밖에 있었을 뿐이다. 한편 환자는 갑자기 어둠을 경험할 수도 있다. 이때도 세심한 보호가 필요한데, 침실에 수면등을 켜놓는 게 좋다. 환자가 경계를 통과하는 순간에 가족에게도 도움이 필요하다. 비록 쉽지 않은 문제이지만 생사의 고비를 넘나드는 상황에서도 환자가 죽지 않은 것을 불행 중 다행이라고 가족에게 일러주어야 한다. 특별히 아이들은 극복할 수 없는 죽음에 대한 간접 경험에서 보호받아야 한다.

환자가 의식과 무의식의 경계를 통과할 때에 죽음을 편안하게 맞이할 수 있도록 우리는 준비한다. 하지만 어려움이 뒤따른다. 우리는 환자 곁을 지켜야 하는 동시에 그를 떠나보낼 준비도 하고 있어야 한다. 또한 임종을 준비하는 우리는 환자에게서 사랑을 받아야 하는 동시에 환자의 상태를 전해주는 전달자, 환자의 마지막 짐을 지는 속죄양이 되어야 한다. 가장 넓은 의미에서 보면 우리는 경험이 풍부한 영적 지도자이다. 임종을 맞이하는 환자도 경계를 통과할 때 어떤 일이 일어날지를 스스로 예감할 수 있어야 한다. 결국 우리는 환자를 부분적으로만 도와줄 뿐이지 정작 경계를 통과해야 하는 사람은 환자 자신이다.

　나는 경계 통과 순간에 그렇게 힘겨워하고 몸부림치는 환자들을 수없이 지켜보았다. 여기서 나는 그들의 지각 방식이 어떻게 변하고 우리가 그것을 어떻게 감지할 수 있는지를 생생하게 그려보고자 한다. 그런데 만약 나의 근거가 흔들린다면 어떻게 될까? 내 입장을 고수할 수 있을까? 내가 죽음에 대해 더 많이 알 수 없다고 해도 분명 무언가 있음을 인지하게 된다면 어떻게 될까? 실제로 죽음과 맞닥뜨리면 나는 놀라 자빠지거나 몸이 경직되거나 아니면 어쩔 줄 몰라 하거나 소리치지 않을까? 환자들처럼 나도 암흑과도 같은 분위기에 휩쓸려버린다면 내가 할 수 있는 게 있을까? 쉽게 무너지지 않고 용기를 북돋우기 위해서, 죽음의 신비 앞에서 무작정 견뎌내기 위해서 나는 어떤 격려에 귀를 기울여야 할까? 지금 신을 언급하려는 것이 아니다. 신은 너무 멀리 떨어져 있고, 냉정하게 말하자면 그는 죽었다. 만약 이 말이 불편하게 들린다면 이해해주기 바란다. 내가 말하고자 하는 것은 인간이란 돌봄을 필요로 하는 존재라는 것이다. 그리고 여기서 내가 시도하려는 것은 나름의 장점을 갖고 있다. 바로 실용성이다. 죽음을 맞이하는 환자에게 내 목소리는 달콤하기보다는 단호하게 들릴 것이다. 나는 환자들이 대면한 힘에 맞서 그들을 대신하여 싸우고 있기 때문이다. 그것도 큰 소리를 내지 않으면서 말이다.

　　여러 종교와 동화를 통해 전해 내려오는 지식도 큰 도움이 된다. 암흑이 낮과 밤을 지배하는 곳에서 특히 그렇다. 이런 지식은 동화에 나올 법한 상황에 처하게 되었을 때 유용하지 않았을까? 말하자면 지도 자체가 없었던 시기에 길을 잃어버려 깊은 숲속에 홀로 있게 된 사람들에게 동화적인 지식은 큰 도움이 되지 않았을까? 또한 성서에 등장하는 전형적인 여러 장면들도 도움이 된다. 세계의 암흑이 어느 순간 빛에 의해* 또는 천사에 의해** 사라진다. 환자가 종종 절망하고 임종의 끝자락에서 갑자기 정신을 잃고 한순간 암흑

---

　* 이사야 9장 1절: 어둠 속을 걷던 백성이 큰 빛을 봅니다. 암흑의 땅에 사는 이

에 빠져들 때 나는 이런 종류의 것들을 떠올리며 천사를 찾는다. 한 무슬림 여성이 경계를 통과하는 순간에 접어들었을 때 나는 이런 식으로 개입했다(그녀는 독일어를 알아들었다). 곧이어 그녀의 입에서 뭔가에 놀라는 신음이 터져 나왔다. 그녀는 마치 구원을 받은 것처럼 잠들었다. 깨어난 그녀는 에메랄드빛으로 가득한 아름다운 초원을 보았다고 내게 설명해주었다. 그녀는 이렇게 여러 번 죽음을 넘나들었다. 동화 〈홀레 할머니〉*26나 이와 비슷한 옛이야기가 그녀에게

들에게 빛이 비칩니다. 58장 10절: 굶주린 이에게 네 양식을 내어주고 고생하는 이의 넋을 흡족하게 해준다면 네 빛이 어둠 속에서 솟아오르고 암흑이 너에게는 대낮처럼 되리라.

•• 루카복음 2장 13절: 그때에 갑자기 그 천사 곁에 수많은 하늘의 군대가 나타나 하느님을 이렇게 찬미하였다.

• (옮긴이주) 어느 과부에게 게으른 친딸과 착한 의붓딸이 있었다. 과부는 친딸만 예뻐하고 의붓딸을 미워했다. 어느 날 의붓딸은 손에서 피가 나서 얼레가 붉게 물들 정도로 실을 짰다. 얼레를 씻기 위해 우물가로 간 의붓딸은 그만 얼레를 우물 속에 빠뜨리고 말았다. 과부는 얼레를 건져 오라고 시켰다. 의붓딸은 하는 수 없이 우물 속으로 들어갔으나 물에 빠져 정신을 잃고 말았다. 의붓딸은 꽃이 피어 있는 들판에서 깨어났다. 그녀는 일어나 길을 걷다가 오븐에서 자신들이 다 익었으니 꺼내달라는 빵들을 꺼내주었고, 맛있게 여물었다고 소리치는 사과들을 전부 따서 나무 옆에 쌓아두었다. 작은 오두막집에 이르자 무섭게 생긴 할머니가 깃털이 날릴 정도로 이불을 잘 털어주면 집에 머물러도 좋다고 말했다. 의붓딸은 집안일을 하면서 할머니와 함께 살았다. 하지만 그녀는 비록 좋은 가족은 아니었지만 집으로 돌아가고 싶었다. 그녀의 마음을 알게 된 할머니는 기뻐하면서 상을 주고 돌

영향을 주었을지도 모른다는 생각이 들었다.

안타깝게도 우리 사회는 세속화 과정에서 임종을 맞이하는 사람의 언어와 그 언어에 대한 지식을 잃어버리고 말았다. 하지만 방법은 있다. 출생, 죽음과 같은 존재의 전이를 이해하는 데 필요한 지식은 어떻게 해서든지 직관적으로 불러올 수 있다. 예를 들면 집에서 가족 중 한 사람이 숨을 거둘 때 이 지식을 소환할 수 있다. 그러나 의식 변화와 그에 대한 설명을 얻었다고 해서 내가 들떠 있다고 말할 수는 없다. 엄연히 가족을 잃은 상실감에 안타까운 마음을 갖고 있다. 각자의 종교, 언어, 원형적인 재료(부록 〈그림 3〉에서 '깊은 무의식적 존재, 비이중성, 비실체적, 무한한 의식' 참조)로 새롭게 다가가는 접근법들은 하루라도 빨리 발견되어야 한다. 그런데 이를 가로막는 장애물이 기독교 문화 공동체에 도사리고 있

려보냈다. 의붓딸이 받은 상은 그녀의 온몸에 붙어 있는 황금이었다. 집에 돌아온 의붓딸은 어머니에게 모든 것을 설명했다. 과부는 친딸에게도 행운이 찾아오기를 바라는 마음에 딸을 우물 속에 빠뜨렸다. 꽃이 핀 들판에서 깨어난 딸은 의붓딸처럼 오븐에서 꺼내달라는 빵과 나무에서 흔들어달라는 사과를 만났지만 청을 거부하고 마침내 할머니의 오두막집에 도착했다. 하지만 이불을 털어달라는 할머니의 요구를 거절하면서 게으름을 피우며 지냈다. 할머니는 그녀를 내보내면서 상을 주겠다고 말했다. 그녀는 황금을 받을 생각에 들떴지만 시커먼 기름을 뒤집어썼을 뿐이다. 죽을 때까지 기름은 벗겨지지 않았다고 한다.

다. 인간의 의식 발달을 의식과 무의식의 대립으로 분열시키는, 다시 말해 의식 발달을 한편으로는 계몽된 성숙으로, 다른 한편으로는 근본주의, 비의秘義, 심령술, 허무주의로 대립시키는 위험이 도사리고 있다. 비밀과 그 주변의 것을 새롭게 알아갈 때, 우리는 인간을 우리 현존재의 가장자리(궁극적 경험과 동경)로 이끌어 오는 데 도움을 얻을 수 있다.

경계 통과 순간의 존엄에 관하여

좌절할 때도 우리는 존엄을 경험하는가? 실존적인 불안 속에서도, 완벽하게 삶을 내려놓고 죽음을 받아들이는 순간에도 존엄이 존재하는가? 또한 자신의 영적·정신적·육체적 나체를 가려주는 초라한 옷에서도 존엄이 묻어나는가? 여기서 존엄이 어디에 고착되어 있는지를 묻지 않을 수 없다. 가장 중요한 가치인 존엄은 더 이상 은폐되어서는 안 되고, 아름다움을 수식하는 용어로 더 이상 사용되어서도 안 되며, 특별히 탁월한 업적이나 우월한 사회적 지위에서만 통용되는 명예처럼 요구되어서도 안 된다. 경계를 통과하는 순간의 존엄은 더 큰 진리를 향해 나아가는 통로 안에, 통로를 지나치는 순간에 분명히 존재한다. 그리고 이 존엄은 마땅히 존중받아야 하는 각 개인의 궁극적 불가침성, 본질성과도 연관되어 있다.

경계 통과의 순간을 보여주는 종교와 민간 신앙의 유명한 표상이 바로 최후의 심판이다. 이 심판은 시간의 순서에 따라 죽음의 순간과 죽음 이후를 다루고 있지만 사람들은 이를 궁극적인 내세를 향해 넘어가는 통로, 과정으로 생각한다. 이러한 사람들의 생각에 대해 내가 뭐라고 말할 수는 없다. 내가 강조하고 싶은 것은 이러한 표상이 임종을 맞이하는 사람들 모두에게 나타난다는 점이다. 그들 중에는 자아를 넘어서는 초월적인 세계와 아무런 관련이 없는 사람들뿐만 아니라 엄격한 종교적 교육을 받은 사람들도 포함된다. 나체와 같은 표상도 마찬가지이다. 두 사례를 살펴보자.

60대 뒤르 부인은 계속해서 옷을 벗는다. 마치 꼭 그래야 하는 듯이 겉옷, 잠옷, 심지어 속옷까지 모두 땅바닥에 던져버린다. 그녀는 미쳤을까? 아니면 다른 이유가 있을까? 나를 찾는다는 소식을 듣고 부인의 집을 방문한다. 확실히 호감 가는 얼굴이지만 피곤한 기색이 역력한 남편이 문을 열어준다. 나는 그의 아내에게 시선을 돌린다. 그녀와 단둘이 남는다. 만약 내 자신이 낯설게 느껴진다면 어떤 일이 일어날까? 거룩한 호렙 산에 홀로 올라가서 불타는 가시나무 덤불 옆에서 신을 벗었던 모세가 떠오른다. 거룩한 땅 위에서는 더 이상 아무것도 숨길 것이 없기에 신발도 필요 없다고 드레버만Eugen Drewermann*은 해석했다. 그곳에서 인간은 자신의 모든 것을 까발린 채로, 벌거벗은 채로 (만약 우리 존재가 본질적인 것으로 환원된다면 우리에게 남은 것이 아무것도 없음을 나타내는 표상인 나체로) 신을 만난다. 나는 제정신이 아닌 뒤르 부인에게 나의 직관, 즉 모세의 표상을 시도하고픈 충동을 느끼지만 이내 억제한다. 효과가 없을 것 같다. 그럼에도 내 안에서 모세의 표상을 시도해보라는 충동이 재차 엄습해온다. 마침내 용기를 낸다. 부인이 이해할지는 모르겠지만 신경 쓰지 않고 모세 이야기를 들려준다. 그러고는 덧붙인다. "아마도 당신에게도 모세와 비슷한 일이 일어날 수도 있습니다. 당신은 지금 남아 있는 시간이 없다고, 그래서 다급하다고 느낄 거예요. 하지만 제가 보기에 당신은 온전하게 신 앞에 나아가길 원하는 것 같아 보여요. 만약 당신이

• (옮긴이주) 오이겐 드레버만(1940~)은 독일 가톨릭 신학자로, 심층심리학을 기반으로 성서를 해석하는, 현존하는 독일 최고 권위자이다.

신 앞에 서게 된다면 이것만 생각하세요. '난 이미 준비가 되어 있습니다. 난 이미 가장 깊은 곳에 들어와 있습니다. 여기서는 더 이상 벗을 옷이 없습니다.'" 부인은 경청하고 있는 듯했지만 내 말을 '이해'하지 못했다. 그녀는 오늘도 옷을 벗어야만 한다는 표정을 짓고 있다.

40대 중반 남성인 브룬슈빌러의 경우를 살펴보자. 그는 비범한 꿈을 꾸었지만 꿈에 대해 어떠한 것도 설명할 수가 없었다. 그는 큰 의자를 쳐다보고만 있었다. 그러다 마침내 입을 열었다. "그 의자가 제단 앞에 있었습니다. 제단에서 향이 피어올랐습니다. 똑바로 쳐다볼 수가 없었습니다. 두렵고 불안했어요. 난 의자에 앉아야만 했습니다. 완전히 발가벗은 채로 말이에요. 창피했어요. 갑자기 의자와 바닥이 흔들렸습니다. 무서웠어요. 그런데 곧 조용해졌습니다. 난 꼼짝하지 않고 가만히 앉아 있었습니다. 목소리, 아니, 후렴이 반복되는 노래가 들렸습니다. '넌 아주 잘했어. 정말 잘했어.' 그러고 나서 모든 것이 사라졌습니다." 브룬슈빌러는 이 꿈이 심판이 아닌 머지않은 죽음을 가리키고 있음을 예감했다. 다음 날, 의사가 예측한 것보다 더 빨리, 그는 조용히 숨을 거두었다. 여기에 존엄이란 것이 존재하는가?

죽음의 문턱에서
: 의식과 무의식의 경계 통과 이후

어느 순간 갑자기 모든 불안이 사라진 것처럼 느낄 때가 있다. 죽어가는 사람은 고요, 평온, 행복의 상태로 접어든다. 평화, 존중, 자유 또는 진정한 사랑을 거의 손에 쥘 수 있을 것 같은 경험이다. 모든 사투의 시간은 지나갔다(부록 〈그림 3〉의 통과 이후 부분 참조). 인간은 자신으로부터, 자기 자신을 향하여 해방된다. 즉 자유롭고 본질적인 자기 자신 ─ 근원에 좀 더 가까워진 인간 ─ 이 된다. 불안, 욕망, 강요뿐만 아니라 자기 안에 각인된 것에서 자유로워진다. 어떤 사람은 이런 자유에 대해 다음과 같이 돌려서 말했다. "내가 지금 경험하는 것은 억지스러운 익살이 아니라 교수대 위에서의 자유입니다." 또한 경계를 통과한 사람들은 자기중심적 존재에서 초월적인 것과 맞닿아 있는 존재로 전이됨을 우리에게 알려준다. 그들은 우리가 보지 못하는 것을 보고 느끼지 못하는 것을 느낀다. 그들은 이런 전이를 여러 번 경험하게 되고 그 사이에 '거기를 들어갔다 다시 나오게 되면' 또는 되돌아오게 되면 경계를 통과한 이후의 모든 경험을 결코 잊을 수가 없다. "인간은 이런 내세의 경험을 결코 잊을 수가 없습니다"라고 어느 노인이 간단하게 정리했다.

임종 환자 대부분은 경계 통과 전부터 경계 통과 이후까지의 전 과정을 경험한다. 경계 통과 이후에는 그들에게 평온과 평화가 찾아든다. 그들은 이를 거의 의식하지 못한다. 태국에서 자라 불교 신자가 된 어떤 부인은 마지막 순간에 평온하다 못해 마치 세상의 도를 전부 깨달은 도인처럼 보였다. 그녀는 짧고 이해할 수 없는 신음소리를 냈다. "신이 바로 여기에 있어요. 언제나 우리와 함께하지요." 지적이면서도 종교적이었던 그녀는 이렇게 묘사하고는 다시 졸았다. 비종교적인 한 남자는 더듬거리면서 "금金"이라고 말했다. 죽어가는 많은 사람들이 마지막 순간에 평화롭고 경건하기까지 한 상태에 놓인다. 이런 상태에서 정신이 혼미한 사람들도 있지만, 말 정도는 나눌 수 있는 사람들도 있다. 분명 이 상태에서 모든 불안은 사라진다. 종교적이든 비종교적이든 경계 통과 이후는 전혀 다른 의식 상태이고, 존재와 평온의 새로운 특징이 나타난다.

한 어머니에게서 임종 직전 경계를 통과할 때 보이는 특징들이 나타났다. 온몸을 뒤흔드는 전율과 진동이 보였다.

이 경계 통과 순간에 그녀는 자신의 아이들이 폭력의 희생자가 되는 착각에 빠졌다. 그러다 그녀는 갑자기 주위의 모든 것이 이제는 안전한 듯이 평온 상태에 빠져들었다. 그녀의 아이가 말했다. "어머니가 지금 돌아가시려고 해요." 곧이어 그녀는 몇 번 숨을 쉬고서 생을 마감했다.

임종이 가까운 어떤 사람들은 얼굴이 환해지고 손사래를 치기도 하면서 우리에게 자신이 무엇을 보고 들었는지 이야기하고 싶어 하는 것 같다. "정말 아름다웠어……." 어떤 노인은 더듬으면서 말했다. 하지만 그 이상의 설명을 들을 수는 없었다. 어떤 젊은 여성은 "곧……"이라고만 말했다. 나이가 많았던 어떤 부인의 마지막 말은 "모든"이었다. 꽃들, 형형색색(파란색, 자색, 노란색), 빛과 천사는 자주 등장하는 표상이다. 신을 믿지 않았던 어떤 젊은 남자는 "빛…… 예수"라고 말했다. 유대교 신자였던 한 남자는 죽어가면서 "위로 향하는 계단"을 보았다. 그가 본 것은 땅에서 시작하여 하늘에 닿아 있는 야곱의 계단일까?* 죽어가는 무슬림 남

---

* 창세기 28장 12절: 꿈을 꾸었다. 그가 보니 땅에 층계가 세워져 있고 그 꼭대기는 하늘에 닿아 있는데, 하느님의 천사들이 그 층계를 오르내리고 있었다.

자는 "어서 와……"라고 말했다.

경계를 통과한 이후가 순간 또는 몇 분이 걸리든, 또는 몇 시간, 며칠이 걸리든 상관없이, 이때 완전히 다른 분위기가 지배한다는 사실이 중요하다. 이 분위기는 시간을 초월하기 때문에 그 순간을 마치 영원처럼 느낄 수 있다.

어떤 도움이 필요한가

죽어가는 사람이 평온하게 누워 있거나 잠이 든다면 그가 실신한 것이 아니라 불안과 고통이 없는 상태로 접어들었다는 사실을 가족도 알게 된다. 그러면서 임종의 시간이 다가왔다는 사실을 다시금 떠올린다. 사랑하는 사람이 조만간 더 이상 존재하지 않을 거라는 사실을 받아들인다. 나는 때때로 가족에게 일러준다. 자손들이 한자리에 모이면 그때 임종하실 거라고, 특히 그의 속을 태웠던 자식, 손주, 부인 등의 특정인이 도착하면, 모두에게 커피 한 잔씩 돌릴 만한 여유가 있을 거라고, 10여 분 뒤에 사랑하는 이가 숨을 거둘 거라고 말해준다. 나의 말이 가족의 사랑에 특별한 영향을 끼칠 것 같지는 않지만 죽음을 혼자서 맞이하거나 이생의 마지막 순간을 최대한 평온하게 끝내려는 사람에게는 중요한 문제이다. 생을 떠나기 전 작별 인사를 전하는 이에게 가족은 많은 것을 선물한다. 이에 반해 죽어가는 사람들은 우리 기억뿐만 아니라 주변인들의 관음증적 호기심이나 종교적 관심에서도 멀어진다. 임종이 임박한 불가지론자 여성이 있었다. 그녀의 딸은 불교로 전향했다. 딸은 엄마의 정신적 미래(카르마, 환생)에 긍정적인 영향을 주고 싶어 엄마에게 좋은 말을 건넸다. 하지만 엄마는 불안하고 긴장한 듯 보였고 근육이 경직되었다. 어느 날 밤 딸이 곁에서 깊은 잠을 자는 동안에 엄마는 조용히 자신의 운명을 넘고 있었다. 그녀가 어디로 갔는지는 아무도 모를 일이다.

이렇게 평화로운 상태에서 죽음을 곧 맞이할 것 같다고 가족에게 설명하는 일이 중요하다. 숨이 넘어가는 조짐이 보일 때면 나는 가족들에게 그것이 무엇을 뜻하고 내가 어떻게 알 수 있는지를 설명해야 한다. 나는 임종을 맞이하는 사람에게 나타났던 여러 조짐들을 수도 없이 읽어냈다. 그러면 많은 가족들이 죽어가는 사람의 상황을 이해하는 동시에 감동을 받기도 한다. 이때의 경험은 일반적으로 잊히지 않는다. 비록 이별을 나타내는 죽음이 잔인한 단절을 가져오고 홀로 떠나가야 하는 현실이 냉혹하다고 해도, 경계를 통과한 이후에 함께 경험하는 이 순간은 영원히 밝혀낼 수 없는 비밀로 남는다. 망인을 기억하고 경험을 간직하고 신뢰하는 일은 우리 영혼에 커다란 유익을 가져다준다.

경계 통과 이후 존엄에 관하여

통과 이후의 존엄이 여전히 중요한 주제인가? 우리는 임종 준비에 다른 방식으로 접근하고 있는 걸까? 마치 임종 자리에 신성한 존재가 현존하는 것처럼 숨죽이며 경건한 자세를 취해야만 할까?

경계 통과 이후의 존엄은 더 이상 자아와 관계되지 않는다. 이때의 존엄은 시간을 넘어서고 자기 방식대로 영원 안으로 들어가는 것처럼 보이는 개별적 존재의 본질성과 연관된다. 기본적으로 우리는 통과 이후의 존엄에 대해 아무것도 알지 못한다. 다만 죽어가는 사람의 반응과 엄숙하고 경건한 분위기를 보고 통과 이후의 존엄이 존재한다고 여긴다. 성서에서는 아직 오지 않았지만 곧 다가올 하느님의 나라, 예수가 언급한 것처럼 "이 세상에 속하지 않는"* 하느님의 나라에서의 존엄을 다루었다.

신학적 사고에 따르면, 경계를 이미 통과한 사람들에게

서 보이는 경외심은 우리 인간의 핵심적인 본질을 침해할 수 없다는 사실에 근거한다(앞에서 언급한 존엄의 세 번째 형태). 존엄은 (종교적 관점에서 언급하면) 하느님이 인간에 준 것이다.

존재론적으로, 비종교적인 관점에서 존엄은 존재 안에서 다루어진다. 경계를 통과해 이제 막 숨을 거두는 사람들은 (포괄적이고) 이해할 수 없는 존재를 향해 나아가고 있다. 이때 그들은 궁극적인 존엄을 받아들이기 위한 어떠한 것도 자기 안에 갖고 있지 않다. 따라서 인간은 자신 안에 존재 근거를 가질 때에만 존엄을 갖는다.

통합 통증이 아니라 통합 평온

오늘날 고통완화 의학에서 종종 동시다발적인 통증을 포괄적으로 다루는 통합 통증이 논의된다. 감정적이고, 사회

• 요한복음 18장 36절: 예수님께서 대답하셨다. "내 나라는 이 세상에 속하지 않는다. 내 나라가 이 세상에 속한다면, 내 신하들이 싸워 내가 유다인들에게 넘어가지 않게 하였을 것이다. 그러나 내 나라는 여기에 속하지 않는다."

적이고, 종교적 또는 사회적 차원(상실 경험, 트라우마, 가족이나 종교에서의 폐쇄, 자기방어기제 등)의 고통이 육체적 고통으로 나타날 수 있고 병적인 고통을 심화시킨다는 사실을 우리는 이미 알고 있다. 그래서 영적인 영역에서 고통받는 환자를 도와줄 방법을 찾는다. 하지만 여전히 '통합 통증'의 현상을 광범위하게 이해하지 못하고 있다. 만약 이러한 고통을 겪고 있는 환자들에게 아무런 도움을 줄 수 없다면 그들에게 큰 문제가 아닐 수 없다.

나는 고통이 또 다른 고통과 결합하여 고통의 정도가 더 심화되어 나타날 수 있다는 것을, 그건 마치 험난한 협곡을 지나치는 것과 같다는 점을 말하고 싶다. 험난한 협곡으로 통행할 때 또 다른 의문의 고통이 생겨나고 끝내 환자는 반(半) 의식 상태에 빠지고 만다. 즉 고통이 고통을 낳는다(통행 고통). 그렇기 때문에 우리는 환자가 고통을 이기는 용기를 갖도록 지식을 전해야 한다. 즉 경계를 통과하는 모든 과정에서 환자는 존재의 전이를 향해 나아가지만(그래서 고통스럽지만) 통과 이후에는 고통에 변화가 있을 거라는 것을 환자에게 전해야 한다. 이러한 통찰을 통해 우리는 (죽어가는 사람이 경계를 통과한 이후에는) '통합 통증'과 반대되는 것, 말하자면 포괄적인 평온한 상태(통합 평온)가 있음을 알 수 있다. 이것을 환자가 인지하고 받아들이게 하는 것이 바로 위로와 격려이다.

죽어가는 사람 모두가
평온을 경험하는가

강연을 나가면 자주 받는 질문이다. 그리고 이 질문은 다른 질문을 낳기도 한다. '돌연사하는 사람에게는 어떤 일이 일어나는가?' 가족이 죽음을 바라보는 입장과 죽음에 대한 현상학적 관점에서는 이 질문에 대한 답을 얻을 수 없다. 돌연사하는 사람에게 불행한 일이 생긴다고 생각하는 사람들이 있다. 하지만 아무도 삶의 마지막 순간을 알 수 없다. 다만 가시적인 영역을 넘어서는 시공간에서 급작한 죽음을 맞는 사람들에게 발생하는 일을 전하는 것이 나에게는 중요하다.

산사태 속에서도 생존한 두 남자의 말에서 나는 깊은 인상을 받았고 최근에 이 문제의 답을 얻었다. 둘 중 한 명은 추락하는 단 몇 초를 마치 영원처럼 느꼈고 과거와 미래가 동시에 떠올랐다고 한다. "인생에서의 모든 것, 생사의 문턱에서 그 모든 것이 모자이크 장식처럼 나타났다"고 한다. 그리고 그 모든 것이 우리가 한 번도 상상할 수 없는 방식으로 완벽하게 표현되었다고 한다. 다른 남자는 그리 종교적이지 않은데 앞의 남자와 비슷한 경험을 했다. 차이가 있다면 시간이 아닌 공간의 무한성이었다. "'내 몸이 괜찮구나' 하는 순간 추락해 심한 부상을 입었습니다. 이 모든 일이 형언할 수 없는 빛 속에서 일어난 것 같았어요. 마치 내가 어디에나 존재하지만 동시에 어디에도 존재하지 않는 느낌을 받았습니다. 어찌 되든 상관없다고 생각했어요. 그땐 죽었다고 생각했으니까요. 하지만 지금 이렇게 살아 있습니다." 죽을 때, 죽기 바로 직전에 이런 비슷한 일이 일어날까? 이처럼 갑작스럽게 죽음을 맞이한 이후의 표상이 모든 사람에게 똑같이 일어날까?

죽음은 개별적으로 일어난다. 죽음의 3단계, 즉 경계 통과 이전, 통과 순간, 통과 이후가 차례대로, 마치 공식처럼 실행되는 것은 아니다. 단계가 교대로 나타나고 더 다양하게 진행된다(부록 〈그림 2〉의 진행 선 참조). 하지만 이 단계들을 알면 죽음을 이해하는 데 도움이 된다.

3장

존재를 뒤흔드는
불안의 경험

원초적 불안이란

　내가 임종을 맞는 사람의 입장이 되어볼 수 있을까? 자아가 곧 닥쳐올 소멸에 항복하고 죽음에 이르는 순간을 나도 경험할 수 있을까? 이때 자아는 어떤 위협에 노출될까? 자아는 어떤 존재와 대면할까?

　먼저 살펴보아야 할 현상이 있다. 수년 전부터 나는 이 현상을 임종 불안의 진수로 여겨 관찰하고 연구했다.[27] 이 현상에 대한 접근 방법은 지금까지 연구된 적이 없다. 왜냐하면 이 현상이 우리 사고방식과는 너무 동떨어져 있기 때문이다. 그래서 죽음을 앞둔 환자들은 알지도 못하고 출구도 없는 위기에 빠져 있다. 그들은 그저 몸이 경직될 때까지 고통을 감내할 수밖에 없다. 놀랍게도 그들이 겪고 있는 위기에 대해 내가 아는 것을 설명하면 그들은 바로 이해한다. 그러면 내가 그들을 구원한다는 착각이 들곤 한다. 이 현상과 대면한 많은 환자들은 비언어적으로 또는 말로 반응한다. 물론 그들의 의식이 깨어 있어야 한다. 이 현상은 죽음 앞에서의 원초적 불안이며 내가 아닌(이전의 자아가 아닌) '비非자아' 안에서 죽음을 맞이하는 과정이고 누미노제Numinose•에 대한 경험이다. 만약 여기서 나 자신이 아닌 '비자아'가 언급된다면 종교적 고백이 아닌 '전혀 다른 존재'에 대한 가장 외적인 경험, 자아로부터 가장 멀리 떨어진 경험을 다루어야 한다. 자아가 소멸되는 의식과 무의식의 경계(부록 〈그림 3〉의 어두운 영역 참조)에서는 누미노제의 경험이 불가피하게 발생하기 때문이다. 이러한 일은 세계관이나 인생관과는 무관하게 발생한다.

자아는 — 신앙과 관계없이 — 변화하는 인지 능력 때문에 자신을 둘러싼 공명 세계를 경험하고 두려워한다. 공명 세계란 두렵고 누미노제를 불러일으키는 전혀 다른 세계이다. 누미노제란 전체적으로 조망할 수 없을 정도로 거대하

• (옮긴이주) 누미노제는 독일 철학자 루돌프 오토Rudolf Otto가 저서《성스러움의 의미Das Heilige》에서 새롭게 정립한 개념으로 인간이 절대 타자, 신적 존재를 만날 때 나타나는 종교적 경험을 일컫는 말이다. 이 만남에서 인간은 두려운 신비 즉 외경심, 전율적 두려움, 압도, 신비로움을 경험하게 된다.

여 파악할 수 없음을 의미한다. 누미노제가 예지되는 공명
세계 앞에서 작은 자아는 상실된다. 누미노제의 경험은 완
전한 자아 상실과 결합한다. 이 누미노제에 대한 전반적인
경험들은 궁극적인 일자에 대한 경험들 가운데 진수이다.

　　마흔 살인 후터는 예전에 암 진단을 받았다. 지금은 사
지가 마비되어가고 있다. 다른 환자들과 달리 그는 자신의
느낌을 아주 정확히 알고 있었고 그 느낌에 대해 설명도 잘
했다. 또한 그는 밤에 불쑥 찾아오는, 전혀 이해할 수 없는
불안에 대해서도 상세하게 묘사했다. 그는 주변 분위기 변
화에 민감하여 폐쇄공포증과 같은 불안 증세를 갖고 있다고
털어놓았다. 그렇다고 그를 억압하는 사람은 아무도 없었다
고 한다. 불현듯 불안감에 휩싸이고 그때마다 식은땀을 흘
리고 오한을 느낀다고 한다. 왜 뜬금없이 불안감을 느낄까?
내가 보기에 그 원인은 원초적 불안이다. 나는 그에게 설명
한다. 그는 흥분하지 않고 침착하게 알아들었다는 듯이 말
한다. "그렇군요. 저의 인지 방식이 바뀌고 있군요. 그래서
구분을 할 수가 없었던 거군요." 외부의 모든 자극이, 칠흑
같은 암흑이 그의 존재를 소멸하는 위협으로 다가왔고 그래
서 불안을 느꼈던 것이다. 이처럼 원초적 불안을 야기하는

죽음을 이해한 후터는 자기 상황이 정상임을, 죽어가는 사람들이 흔히 겪는 현상임을 인지했다. 그리고 자신이 임종을 받아들여야 하는 존재임을 이해했다. 이후에는 그의 배우자도 그의 곁에서 잠들 수 있었다.

이미 황혼에 접어든 암스튜츠 부인은 밤이면 항상 경기를 일으키고 소리를 질렀다. 그녀는 자신이 느끼는 불안을 말로 표현할 수가 없었다. 나는 그녀에게 죽어가는 사람이면 누구나 어둠에 집어삼켜져 소멸하는 경험을 할 수 있으니 특별히 어둠을 무서워하지 말라고 설명했다. 다행히 그녀는 다시 진정되었고, 켜놓았던 수면등을 꺼버렸다. 5일이 지나자 부인에게는 수면등이 더 이상 필요 없게 되었고, 그녀는 분명 죽음이 더 가까이 다가옴을 직감하고 있었지만 평온을 유지했다. 그녀의 인지 능력은 분명히 더 이상 자아와 연결되지 않았지만 동시에 자아로부터 부정적인 것이 더 이상 표출되지도 않았다.

50대 중반의 불가지론자인 츠바이펠은 죽기 이틀 전에 이미 혼이 빠져나간 것처럼 보였다. 눈을 부릅뜬 채 벽을 응시하고 있었다. 그의 입에서는 한 마디도 나오지 않았고 미동조차 하지 않았다. 왜 그토록 벽만 뚫어지게 쳐다보는지 알 수 없었던 가족은 큰 혼란에 빠졌다. 할 수 있는 모든 조치를 다 했는데도 나아지지 않았다. 내게 아이디어 하나가 떠오른다. 그와 똑같은 자세로 그가 응시하는 벽을 바라본다. 어느 정도 시간이 지나자 회색 벽이 눈에 띤다. 회색 벽 안에서는 모든 윤곽들이 사라져버리는 것 같고, 소름이 돋는 느낌이 든다. 나는 계속해서 음침한 분위기를 자아내는 벽을 쳐다본다. 츠바이펠도 나와 비슷하게 느끼고 있나? 그에게 말을 건다. "츠바이펠 씨, 당신은 무거운 분위기 속에서 뭔가에 '붙들린' 것처럼 보입니다. 마치 소름 끼치게 하는 거대한 무엇에 말입니다." 그 순간 나는 뼈에 사무치는 신음소리에 입을 닫고 만다. 침묵이 이어지고 다만 배 속에서 나는 소리만 들릴 뿐이다. 마침내 그의 신음소리가 사라진다. 용기를 내어 다시 한 번 대화를 시도한다. "츠바이펠 씨, 당신이 바라보는 대상은 우리에게는 좀 혐오스럽지만 당신에게는 좋은 것일 수도 있습니다. 만약 당신이 보는 벽에 이름을 붙인다면 아마도 애정이 넘치고 사랑스러운 눈길로 당신을 바라보는, 신성한 이름을 가진 신이 아닐까 싶은데요."◆ "으······." 미동도 하지 않은 채 침대에 누워 있는 츠바이펠의 입에서 새로운 신음소리가 나온다. 그리고 그의 눈가에는 눈물이

고인다. 그 눈물은 자신의 상황을 이해하고 있다는 의미일까? 그는 힘겹게 고개를 끄덕인다. 나는 그의 눈물을 닦아주고 한동안 그곳에 있으면서 다시금 확신한다. 그는 긴장을 풀기 시작한다. 나는 그에게 인사를 하고 다른 환자에게로 간다. 두 시간 후에 그는 마침내 눈을 감았다. 그의 표정은 온화했고 몸은 전보다 한결 부드러워져 있었다고 한다. 그는 평온한 가운데 숨을 거두었다. 죽기 바로 직전에 다시 한 번 눈을 떴는데, 뭔가를 두려워하거나 응시하는 눈길이 아닌 행복감에 젖은 눈길이었다고 한다. 전혀 다른 존재를 바라보고 응시하는 눈길이었다고 한다. 난 그를 인도했다고 확신한

• '하느님'은 사람들이 갖은 의구심을 품고 있거나 반감을 갖고 있을지언정 이미 알고 있는 신의 이름이다. 신은 신앙이나 종교가 없는 환자의 마음을 움직이거나 압도하는 누미노제의 경험으로 존재한다. 환자들 모두가 신의 인도를 원한다. 그러므로 종교적 관념으로 그들을 설득하기보다는 그들이 자기 경험을 정리할 수 있도록 해주는 편이 더 낫다. 눈물에는 불안을 해소한다는 상징적 의미가 있다(어원학상으로 '날카롭게 쳐다본다'는 의미를 내포한 단어 용Drache을 참조). 나는 이러한 현상을 자주 정확하게 관찰하지만, 환자들은 이 현상 한가운데 있는 자신을 이해할 수 없기 때문에 내게 도움을 요청한다. 이와 관련해 강연을 하고 나면, 자신도 이런 현상을 관찰했지만 이해할 수 없다고 말하는 청강자들을 만난다. 나는 이와 같은 현상을 원초적 불안이라고 명명하고 그 뒤에 숨어 있는 가장 깊은 터부를 인식한다. 바로 누미노제 그 자체이다. 이런 현상은 더 깊고, 포괄적이고, 모든 대립을 해소하는 원초적 신뢰Urvertrauen로 해결될 수 있다.

다. 그는 더 이상 불안에 떨지 않고 경련을 일으키지 않은 채로 생을 마감한 것이다.

츠바이펠에게 필요했던 도움은 무엇이었을까? 그는 자신의 원초적 불안을 이해하고 싶었던 것 같다. 그리고 원초적 불안에 대한 자기 경험을 토로하고 자신을 이해해주는 위로가 필요했던 것 같다. 위로는 신에게 이런저런 말들을 늘어놓거나 신을 멀리하는 일이 아니다. 위로란 근본적으로 전혀 다른 존재에게 말을 거는 일이다. 말하자면 (주변의 어두운 기운을 집어삼키고, 누미노제/신이 존재를 몰락시키고 죽음을 언급하는) 투영의 기저가 해소될 때만 위로가 가능하다.

바로 옆방에서는 20대 여성이 공포에 질려 있다. 이름이 시모네인 그녀는 머리가 가렵다며 긁어달라고 내게 종종 부탁한다. 하지만 정말로 머리가 근질거려서 내게 부탁한 것은 아니다. 시모네는 머리까지 신경이 마비되어 감각을 느낄 수가 없다. 내가 머리를 긁어준다고 해도 그녀의 상황이 나아지는 것도 아니다. 하지만 "기꺼이 해드릴게요, 시모네." 그녀에게 말하고 긁기 시작한다. "잘하네요"라고 그녀가 대꾸한다. 잠깐의 졸음. 그러고 나서 다시 찾아오는 신체의 고통. 난 오래전부터 시모네를 알고 있었고 그녀와 함께 진지한 대화를 나누었다. 그러면서 그녀의 몸을 조금씩 움직여주었다. 나는 츠바이펠이 겪었던 위기에 대해 그녀에게 설명하고 나서 질문한다. "혹시 당신도 압도적인 분위기를 풍기는 대상과 직접 마주한 적이 있나요? 마치 내가, 내육체가 사라져버린 것 같은 경험을 해본 적이 있어요? 그 대상이 메스꺼움, 가려움, 그리고 때때로 찾아오는 불안을 해결해줄 수 있을 것 같은데요." "참으로 말씀도 잘하시네요. 그런데 그러한 대상이 무엇을 할 수 있을까요?" 그녀가 묻는다. 나는 시모네를 지그시 바라보면서 말한다. "안심하세요, 시모네. 저는 많은 경험을 했어요. 제 경험에 의하면 무한한 이 대상은 원래 온순하며, 또한 당신이 즐겨 기도드리는 신이기도 합니다. 당신이 저처럼 생각했으면 좋겠네요." 다시 시모네의 머리를 잠시 긁어준다. 그녀는 안정을 되찾기 시작하고 스스로 이해하려고 노력하는 것 같다. 그녀는 말한다. "당신도 알다시피 제 콧구멍은 이제 더 이상 제 것이 아니에요. 감각을 잃어버렸어요. 하지만 만약 신이 나를 사랑하신다면……." 그러고는 더 이상 말을 잇지 못한다. 함께 있는 그녀의 어머니와 간병인에게 원초적 불안, 근원적 불안이 무엇인지를 설명한다. 시모네는 고개를 끄덕인다. 여러

날 동안 그녀는 평온하고 행복해 한다. 그런 뒤 그녀는 고개를 위로 쳐들고서 말한다. "위에서 저를 수호하시는 신이 저와 함께하고 있어요."

원초적 불안과 대상에 대한 경험은 근원적이고 존재를 뒤흔드는 차원에서 일어난다. 이 불안과 경험은 대부분 의식이 있는 현존재가 한계에 다다를 때 순수하게 일어나는 몸의 반응으로 나타난다. 경련, 불안, 가려움, 메스꺼움, 오한, 알레르기 반응, 경직으로 말이다.

우리의 불안은 어디에서 오는가

불안이란 무엇인가? 어떤 사람이 불안을 느끼는가? 인간이 두려워하는 것은 정확히 무엇인가? 나는 경험에서 많은 것을 배운다. 인간은 깊은 내면에서 누미노제의 불안을 느낀다. 드레버만은 신에 대한 원초적 불안을 언급하며, 이 불안에서 인간의 중요한 위기를 관찰한다. 이 위기는 다른 여러 위기들의 근간이 된다고 한다.[28] 하지만 이 불안과 함께 무엇을 이야기해야 하는지 이해하는 사람은 아무도 없다. 내가 거리에 나가 아무나 붙잡고 무엇을 두려워하느냐고 묻는다면 사람들은 테러와 전쟁, 집단 괴롭힘이나 따돌림, 전염병과 고통, 마약 중독, 깡패와 폭력에 두려움을 느낀다고, 기차를 놓칠까 봐 불안하다고 대답할 것이다. 혹은 '신에 대한 두려움'은 모호하다는 다소 엉뚱한 대답도 들을 수 있다. 내가 여기서 예를 든 것처럼 사람들은 사건 그 자체보다는 불안한 사건의 배경 때문에 두려워하고 불안해한다. 그러니까 불안한 일들 뒤에 있는, 그 안에 내재된 원초적 불안 때문에 사람들은 두려움을 느끼고 육체적인 일차적 실존성에 위협을 느낀다. 나를 두렵게 하는 대상이 내 앞에 모습을 드러내고, 그 대상이 무엇인지를 알고 난 다음에야 비로소 원초적 불안을 극복할 수 있기 때문이다. 무시무시한 것, 압도적인 것, 탈출구가 없는 것, 그 자체가 이미 우리를 꼼짝못하게 하는 불안의 대상이다.

앞에서 든 예들은 '원초적 불안'에 대해 무엇을 말할 수 있는지를 보여준다. 원초적 불안은 기본적으로 죽음의 문턱을 넘는 순간에, 피조물로서 자신의 한계를 인지한 자아가 엄청난 압박감과 마주하는 곳에, 그리고 더 이상 아무것도 구별할 수 없는 공간에 존재한다. 그래서 우리는 원초적 불안이 무한, 권능, 누미노제라는 특성을 갖고 있다고 생각한다.[29] 여기서 자아는 무의미해진다.

원초적 불안은 의식과 무의식의 경계를 구성하는 본질적인 요인이다. 이는 죽음에서뿐만 아니라 자아 형성 과정(자궁 내 그리고 유아기)에서도 마찬가지이다. 원초적 불안은 의식과 무의식의 경계 통과를 매우 어렵게 만든다. 큰 위기에 봉착한 사람들이 이 끔찍한 불안을 묘사한다. 그들은 깊은 곳으로, 종종 의식과 무의식의 경계까지 침잠해 들어간다. 그러고 나서 나중에 새로운 징조가 나타날 때 다시금 기지개를 펴기 위해 현재의 자아 기능을 일시적으로 위축시킨다. 이와 관련하여 심리학은 퇴행*을 이야기한다. 흔히 퇴행은 불행한 일을 당했을 때, 중병에 걸렸을 때도 발생한다. 하지만 퇴행은 단순히 '유년 시절로의 회귀'가 아닌 그 이상의 것을 포함한다. 즉 퇴행은 초자연적인 영역까지 뻗어 있는

---

* (옮긴이주) 퇴행Regression은 방어기제 중 하나로, 내·외적 압력으로 욕구가 억압되었을 때 미성숙한 정신 기능의 단계로 되돌아가는 행동을 보이는 것을 말한다. 흔히 초등학교에 입학한 아이가 낯선 환경에 놀라고 두려워하여 울거나, 손가락을 빨거나, 선생님과 엄마에게 매달리거나, 구석에 가서 숨는 행동 모두 퇴행에 속한다. 성인들도 특정 조건에서(꿈, 종교적 경험, 사랑 등) 퇴행적인 행동을 한다. 하지만 퇴행은 일시적 불안을 감소시킬 뿐 근본적인 원인을 해결하지는 못한다.

의식과 무의식의 경계와 연관되어 있다. 그래서 한계 경험이
종종 유익하게 활용된다. 의식과 무의식의 경계 이후의 영역
은 거대한 치유의 잠재력을 자기 안에 숨기고 있다. 동화 속
등장인물들은 퇴행이나 질병 기간 동안 위대한 어머니 나라
에 (물리적 시간과 무관하게) 잠시 또는 한동안 머문다. 홀레
할머니의 나라나 까만 여자의 성[30]이 좋은 예다. 또한 그들
은 〈샘물가의 거위 치는 소녀〉*에 등장하는 지혜로운 할머

---

* (옮긴이주) 옛날에 한 할머니가 거위 떼와 함께 숲속에서 살고 있었다. 할머니
는 매일 지팡이에 의지한 채 숲에 들어가 거위를 먹이려 풀, 열매 등을 모았다.
사람과 마주치면 상냥한 인사를 건넸지만 사람들은 할머니를 마녀라며 멀리했
다. 어느 날 자신을 백작이라고 소개한 청년이 할머니가 모아놓은 두 개의 양동이
와 자루를 보고 대신 집까지 옮겨다 주겠다고 했다. 무거운 양동이와 자루를 들고
지고 가까스로 할머니 집에 도착해 주저앉아버린 청년은 할머니를 마중 나온 못
생긴 소녀를 무시하고 벤치에 누워 잠들었다. 할머니는 청년을 깨워 보답으로 작
은 에메랄드 상자를 선물했다. 청년은 인사를 하고 할머니 집을 나왔다. 하지만 길
을 잃어 사흘을 헤매다 겨우 궁전을 찾아가 왕과 왕비를 만났다. 왕비는 청년이 갖
고 있던 에메랄드 상자를 열어보자마자 기절했다. 깨어난 왕비는 상자 주인이었
던 막내딸 이야기를 들려주었다. 왕은 세 딸에게, 자신을 가장 사랑하는 딸에게 나
라를 물려주겠다고 선언했다. 첫째 딸은 달콤한 설탕만큼, 둘째 딸은 가장 좋아하
는 드레스만큼 왕을 사랑한다고 했지만, 막내딸은 소금 없는 음식은 맛을 낼 수 없
기에 소금만큼 사랑한다고 말했다가 왕에게 쫓겨났다. 나중에 후회한 왕과 왕비
는 막내딸을 찾았으나 발견하지 못했다. 그런데 에메랄드 상자 속에 들어 있는 진
주가 다름 아닌 막내딸의 눈물이 변한 진주와 똑같았다. 왕과 왕비는 막내딸을 찾
으러 청년과 함께 길을 떠났다. 할머니와 함께 물레질을 하던 못생긴 소녀는 깊은
밤이 되자 밖으로 나와 샘물가로 갔다. 거기서 얼굴에 썼던 가면을 벗고 세수했다.

니가 물레질하며 사는 오두막[31]이나 〈손 없는 처녀〉*의 천사

아름다운 처녀의 모습이 드러났다. 처녀는 나뭇가지 부러지는 소리에 놀라 집으로 돌아왔다. 할머니는 때가 되었다며 방에 들어가 있으라고 했다. 한편 또다시 길을 잃어버린 청년은 우연히 샘물가에 이르렀다. 나뭇가지 부러지는 소리를 낸 청년은 아름다운 처녀를 보고 왕, 왕비와 함께 할머니 집을 방문했다. 3년 전 할머니 집에 처음 왔을 때 입고 있던 옷으로 갈아입고 가면도 벗은 막내딸은 왕과 왕비를 보자마자 함께 울었다. 할머니는 그동안 애를 많이 썼다고, 그래서 이 집과 그동안 모아온 진주를 물려주겠다고 말하고 홀연히 사라졌다. 그 집은 어느새 궁전으로 변해 있었고 수많은 하인들이 제 일을 하고 있었다.

• (옮긴이주) 방앗간과 그 뒤에 서 있는 큰 사과나무가 전 재산인 남자가 어느 날 숲속에서 나무를 베다가 한 노인을 만났다. 그 노인은 방앗간 뒤에 있는 것을 자신에게 주면 큰 부자로 만들어주겠다며, 3년 뒤에 찾으러 오겠다고 제안했다. 노인의 제안을 받아들인 남자는 집으로 돌아와 갑자기 생긴 보물에 놀란 아내에게 설명했다. 아내는 그 노인이 악마라고, 그 시간에 외동딸이 방앗간 뒤에서 청소를 하고 있었다고 소리쳤다. 3년 뒤에 노인의 모습을 한 악마가 외동딸을 찾으러 왔다. 하지만 딸은 얼굴을 깨끗이 씻고 있었기에 악마가 접근하지 못했다. 그러자 악마는 씻을 수 없도록 남자에게 딸의 손을 자르라고, 그러지 않으면 대신 남자를 데려가겠다고 위협했다. 두려운 나머지 남자는 딸에게 이 사실을 말했고 딸은 자신의 손을 자르라고 말했다. 하지만 남자가 딸의 손을 잘랐는데도 악마는 딸을 데려가지 못했다. 딸이 오랫동안 눈물을 흘렸고 그 눈물이 딸의 얼굴을 깨끗하게 만들었기 때문이었다. 딸은 남자의 만류에도 두 팔을 등 뒤로 묶은 채 집을 떠나 유랑을 시작했다. 어느 날 왕궁에 도착한 딸은 정원에 들어가고 싶었으나 깊은 시냇물을 건너지 못하고 있었다. 딸은 기도했다. 그러자 하늘에서 천사가 내려와 물길을 막아주어 딸은 정원 안으로 들어갈 수 있었다. 또한 천사는 손이 없는 그녀에게 배를 먹여주었다. 이 광경을 지켜보던 정원사가 다음 날 왕에게 보고하였고 그날 밤 왕은 정원에서 천사의 도움으로 배를 먹는 그녀를 발견하고 왕궁으로 데리고 들어왔다. 왕은 그녀의 미모와 성품에 반해 왕비로 맞이하고 은으로 만든 팔을 선물했다. 왕은 전쟁터로 나가면서 자기 어머니에게 왕비를 부탁하며 아이가 태어

가 사는 집32과 같은 곳을 자신의 피난처, 안식처로 삼는다. 이와 같은 모태상, 천사상은 퇴행에 깊이 빠져 있는 사람들을 삶의 지혜와 의미 관계로 인도한다. 생사 고비를 넘는 경험은 직관적이고 죽음의 문턱을 넘는 경우와 유사하다. 이 경험을 통해 퇴행에 빠진 사람들은 원형적인 것, 그들을 재생시키는 힘과 새롭게 연결된다.

동화와 성서의 교훈적 이야기들에서 우리는 의식과 무의식의 경계 불안이 무엇을 의미하며 그러한 불안이 인간에게 어떤 형태로, 어떤 위험으로 나타나는지를 배운다. 동화는 방치되거나 가족을 잃어버린 사람에 대해 이야기하며, 부정적인 것의 목구멍 속으로 넘어가는 사람에 대해, 바닥으로 추락한 사람에 대해, 어두운 힘에 붙들리거나 사나운

나거든 자기에게 알려달라고 했다. 왕비가 아들을 낳자 왕의 어머니는 왕에게 편지를 보냈다. 그런데 딸을 차지하지 못해 부아가 치민 악마가 왕의 답장을 왕비와 아기를 죽이라는 편지로 바꿔치기했다. 왕의 어머니는 왕비와 아기를 차마 죽이지 못하고 도망가도록 배려했다. 아기를 안고 도망치던 왕비는 '누구나 마음대로 들어올 수 있는 집'이라는 문패가 달린 집에 들어가 하얀 옷을 입은 처녀에게 7년간 환대를 받았다. 그 처녀는 하느님이 보낸 천사였다. 전쟁터에서 돌아온 왕은 왕비와 아기를 찾아다녔다. 7년의 세월이 지나 심신이 지친 왕은 우연히 '누구나 마음대로 들어올 수 있는 집'에 들어갔다가 왕비와 아들을 재회했다. 왕과 왕비는 두 번째 결혼식을 올리고 행복하게 살았다.

짐승에 던져진 사람에 대해 이야기한다.

신의 부름을 피해 도망 다녔던 요나는 미친 듯이 날뛰는 바다 속으로 던져졌고 거대한 물고기가 그를 삼켜버렸다. 그림 형제의 동화에 등장하는 헨젤과 그레텔[33]은 부모에 의해 깊은 숲속에 내버려졌고, 마녀가 아이들의 살을 찌워 요리해서 먹으려고 했다. 고대 그리스의 에로스와 프시케[34] 신화에서 왕은 신들의 노여움을 사지 않을까 걱정하여 아폴론의 신탁에 따라 막내딸을 높은 산에 홀로 남겨두었고, 막내딸은 산에서 홀로 쓸쓸히 운명에 내맡겨진다. 이탈리아로 넘어가는 알프스 엥가딘의 사냥꾼인 아라치는 산의 호수로 목욕하러 가는 아름다운 산의 요정을 뒤따라가다가 빙하의 균열 속으로 빠져 죽고 만다. 그 후로 밤이 되면 산의 요정이 부르는 소리("아라치가 죽었다Mort ais aratsch")가 들린다고 하고 사람들은 사냥꾼의 이름을 따서 이 산을 '모르테라치'라고 불렀다.

임종 환자들이 전하는 꿈의 상징과 경험을 통해 우리는 전래 동화가 창작 동화보다 더 많은 것을 가르쳐주고 있음을 배운다. 또한 꿈에서 그들의 자아는 위협받고, 사람들로부터 무시당하고, 아프고, 빈사 상태에 이르러 죽음 직전에 도달하기도 한다. 칠흑 같은 어둠에 집어삼켜지거나 지루해서 하품하는 용의 목구멍 속으로 빨려 들어가거나 문명의 표상이기도 한 거대한 장치가 자신을 먹어치우는 꿈을 꾸기도 한다. 꿈에서 그들은 마법에 걸려 위험에 빠지거나 마녀의 솥처럼 펄펄 끓는 냄비 속에 빠져 질식할 것 같은 경험을 하기도 한다. 또는 몸이 얼어붙거나 '얼음 지옥'에 떨어지거나 황야에서 방황하는 꿈을 꾸기도 한다. 이처럼 죽어가는 사람의 꿈에 나타난 상징은 우리의 것과 크게 다르지 않다.

죽음에 대한 불안과 파멸은 인간의 근원적 주제이다. 이 주제는 우리를 임사체험, 비상 시기, 위기 상황에 전념하게 하며 다시 악몽을 꾸게하거나 일상의 자리로 되돌아가게도 한다. 이 모든 경우에 주변으로부터 위협받는 자아가 잠재적 문제로 남지만 죽음이 눈앞에 닥쳤을 때 이 위협은 바로 현실이 된다.

원초적 불안은 다음과 같은 두 얼굴을 갖고 있다.

1. 상실에 대한 불안: 고독과 황무지 속으로 사라짐, 동사凍死와 아사餓死, 인간관계 상실에 대한 불안. 여기서는 궁핍, 쫓김, 그리고 필요한 것보다 훨씬 더 적음이 문제

가 된다.

2. 누미노제의 위협에 대한 불안: 무기력하고 소심한 자
아는 실존적으로 과도한 것에 위협을 느낀다(대기, 용, 낯
선 힘, 자연재해, 마녀). 과도하다는 것은 너무 좁음, 너무
뜨거움, 너무 가까움 등을 가리킨다. 이것은 특히 '대상
(전혀 다른 존재, 포괄적 존재)'과 대면했을 때 경험한다.[35]

이 두 가지 관점에서 보면 원초적 불안은 무엇보다 실존
적 불안이다. 임종 과정에서 자아는 정확히 이런 방식으로
자신을 포기하는 지점에 이른다. 원초적 불안은 자신을 포
기하기 전에, 그리고 자신을 포기할 때 느끼는 감정이다. 죽
어가는 사람들 대부분은 그보다 먼저 누미노제(자아 안에서
의 붕괴, 순수한 대상 개념)에 대한 불안을 갖게 되고, 그 때문
에 자기 주변에 있었던 모든 것을 잃어버렸다고 느낀다.

누미노제에 대한 이야기를 꺼내는 이유는 무엇일까? 왜
냐하면 자신의 '마지막 순간'이 다가왔다는 단 하나의 사실
만을 부여잡고 죽어가는 자아의 눈에는 모든 것들이 희미해
지고 사라지는 것처럼 보이기 때문이다(즉 인식 능력이 변화
하기 때문이다). 주관적인 경험으로서의 마지막 순간은 자아

에게 갑자기 찾아온다. 외부의 모든 자극들, 말하자면 모든 것을 집어삼킬 것 같은 새까만 밤, 위협적인 소음(근처에서 들려오는 헬리콥터 소리)과 주변의 부주의한 움직임으로 숨 막힐 것 같은 분위기가 조성된다. 자신을 주변의 것에 투영하는 상황에서 본능 유발 인자가 위협의 근원이 된다. 이 투영 상황에서 죽어가는 사람들은 착각에 빠진다. 마치 우연이 필연이 되고 모든 움직임이 자신을 향하고 사물이 움직이는 것 같다. 그래서 그들은 완전히 다른 존재(포괄적 존재)가 자신을 파괴할 거라는 생각에 매몰된다. 이것이 바로 원초적인 불안의 억압이다.

이런 경험이 언제나 상실감과 연관되는 이유는 무엇일까? 그 이유는 자아가 홀로 죽어가야 하기 때문이고, 황당하게도 아무것도 아닌 존재가 되어버리기 때문이다. 이전에 갖고 있던 잠재력, 활동하고 움직일 수 있는 능력, 그리고 아름다움에서 멀어지게 되면 자아는 자신을 단지 저급한 생명체로만 느낀다. 마찬가지로 죽어가는 사람이 (경계 이후와 같은) 더 큰 차원의 결합체 안으로 들어가지 못할 때 자신을 하찮은 존재로 느낀다. 만약 그 안으로 들어갔더라면 다른 방식의 평온이 주어졌을 것이다. 그가 결합체 안에 들어갔다고 해도 그의 자아는 여전히 하나의 자아로 존재한다.

자아가 없으면 불안도 없다

재차 묻고 싶다. 불안이란 무엇인가? 원형적인 형태의 불안은 흔하게 나타난다. 불안은 육체적 반응, 즉 떨림, 경련, 식은땀, 오한과 같은 달갑지 않은 반응으로 나타나며 우리를 붙잡아놓고 야금야금 침식해 들어오는 감정이다.

불안은 자기 내면에서 발현하는 두려움이다. 불안은 항상 주체의 경험이다. 우선 자신의 육체와 감각으로 자기 자신을 인지한 이후에, 위협받고 있다는 인식이 가능할 때, 인간은 비로소 불안을 느낀다. 발달심리학에 따르면 불안은 인간의 의식 발달 가운데 가장 오래되었다고 한다. 그리고 인간은 불안을 느낄 때 자신과 자신의 감각이 곤두서기 때문에 평상시보다 더 많은 것들을 의식한다고 한다. 원초적 불안은 (어느 정도 자란 여타의) 자아보다 더 오래된 것으로, 주체 경험의 초기 형태이다. 아직 태어나지 않은 아이와 동물들도 이 불안을 느낀다.

그런데 자기중심적인 경험 방식에서 벗어난 차원에서는 불안이 어떻게 되는지에 대해 논의된 적이 없으며 현재도 마찬가지이다. 이 말이 무슨 말인가 싶기도 하겠다. 왜냐하면 죽음을 마주하기 전까지 우리의 경험은 자기중심적 차원을 거의 벗어나지 않기 때문이다. 넓은 의미의 행복과 빛에 대해 알려주는 임사체험에서 이 말의 의미가 밝혀진다. 임종 환자들은 경계 이후, 즉 궁극적인 불안과 통증의 공격을 직접 몸으로 받아낸 이후에 다른 지각 방식과 존재 방식 안으로 침잠해 들어간다.

죽음을 앞둔 한 수도사는 매우 침착했다. 물론 그도 여타 죽어가는 사람들처럼 몸이 차가워지는 것을 느꼈고 혼란과 절망에 사로잡혀 있었다. 얼마 뒤에 그는 자신을 돌봐주던 동료 수도사에게 그리고 이 세계를 향하여 마지막 말을 남겼다. "하느님은 완전히 다른 존재이십니다!" 시시때때로 찾아오는 불안에 휩싸일 때를 제외하곤 그는 대부분 확신에 차 있었다.

우리는 죽음뿐만 아니라 삶에서도 영적인 경험을 할 수 있다. 우리가 신의 곁에 있다는 것이 어떤 의미인지, 완전히 다른 어떤 존재 안에서 보호받고 있다는 것이 어떤 것인지도 알 수 있다. 즉 불안이 없는 상태가 무엇인지를 직접 경험할 수 있다. 매번 음악 여행에서 나는 수호천사, 자기 본연의 자유, 인간의 삶에 개입하는 더 큰 존재에 대한 경험, 별이 빛나는 밤하늘을 올려다보는 경험담을 듣는다. 이 경험에는 행복, 우리가 보호받는 존재라는 것, 불안과 무관한 상태가 포함되어 있다. 드물지만 경건한 꿈을 꾼 사람들은 우리에게 이와 비슷한 경험을 들려준다. 어려운 수술을 앞둔 어떤 환자는 수술이 성공할지 실패할지 알 수 없어 몹시 불안해했다. 그는 어느 날 꿈속에서 색소폰 소리를 들었다. 그 소리는 알프호른 소리와도 비슷했다. 그는 설명했다. "선율은 점점 멀어지더니 거대한 모자처럼 나를 둘러싸더군요. 그 안에 있으니 너무나 좋았어요. 그 안에서 어떠한 불안도 느낄 수가 없었습니다." 꿈을 꾸고 나서 그는 보호받는다는 것의 의미를 깨달았다. 그리고 그는 언어의 차원보다 더 깊은 곳에 있으면서 선율을 타고 공간을 넘어오는 영적인 차원의 무엇이 존재한다는 것도 알게 되었다. 나중에 그는 수술실에 들어가면서도 불안해하지 않았다.

불안은 삶의 불가피한 요소이지만 그렇다고 존재를 한없이 규정하지는 않는다. 불안은 자아 안에 있는 현존재 방식의 일부분이지 더 큰 존재 안에, 완전히 다른 어떤 존재 안에 귀속되고 궁극적으로 연결된 존재를 한없이 규정하지는 않는다.

원초적 불안이 드러나는 순간

우리는 앞서 후터, 암스튜츠 부인, 츠바이펠, 시모네 등의 사례를 통해 원초적 불안과 누미노제의 대상에 대한 경험을 현상학적으로 살펴보았다. 이런 현상을 발달심리학적 관점에서 추적할 수 있을까? 또한 이 현상의 끝은 어디일까? 이제 나의 관점에서─인간의 의식을 묻는 질문과 관계된─인간의 상像이 궁극적으로 '온전한' 상태로부터, 완전히 다른 존재에 참여함으로써 비롯하는지를 살펴보고자 한다.[36] 그런데 이 궁극적인 인간의 상은 우리에게 전혀 낯선 것도 아니다. 우리는 이러한 인간의 상을 우리의 지각 방식과는 다르게, 또 우리의 감각 지평을 넘어서는 것으로 어렵지 않게 상상할 수 있다. 혼수상태에 빠진 환자들에 대한 보고서에서 이에 대한 수많은 예들을 찾아볼 수 있다. 이처럼 궁극적이고 원초적인 인간의 상을 신화적으로 설명하려는 시도가 바로 낙원, 에덴동산이다.

인간이 처음으로 참여에서 분리되는 일은 출생으로, 이는 인간이 자아를 갖게 됨을 의미한다. 이 분리는 도덕적 명령이나 창조 신화에서 등장하는 낙원으로부터의 추방과 같은, 자아를 넘어서는 계명 때문에 일어나는 사건이 아니다. 오히려 변화하는 지각 때문에 발생한다. 말하자면 엄마의 자궁 안에 있는 자아, 출생 직후의 자아는 자아로서 경험하고, 자신의 관점으로 지각하고, 독립적인 개체로서 듣고, 느끼고, 마신다. 즉 자아의 지각은 자아 스스로의 선택에 의한 것이고, 자아에 의해 조종된 것이다. 이것은 성장하는 인간이 완전히 다른 실체에 더 이상 참여하지 않음을 의미한다. 곧 자아가 성장하면서 지각이 변해간다는 것이다. 이는—이미 설명했듯이—죽어갈 때도 마찬가지로 지각이 변해간다는 의미이다. 단지 진행 방향만 바뀌었을 뿐이다(부록 〈그림 3〉의 발달 화살표 참조).

임종이 가까워진 사람들에게서 인지 전환이 발생한다. 이 힘겨운 순간 본래적인 전이가 일어난다. 이 전이는 시모네의 경우에서 두드러진다. 인간은 살면서 주관적이고 자기

중심적인 지각을 통해 자아 스스로 경험하고 자아로서 욕구와 불안을 수도 없이 느낀다. 하지만 만약 자기를 둘러싼 세계를 자신과 구별 지으면서 인식할 수 있는 능력을 갑자기 잃어버린다면 자기 주변에 있는 (우리가 볼 때 단순한) 대상만을 경험하게 된다. 즉 주변의 환경을 누미노제의 대상으로서만 인식한다. 자신의 인지 능력이 바뀌었기 때문에 누미노제의 경험에 매몰된 채로 죽어가는 사람들은 여전히 주체로서 존재하지만 예전에 자신들의 눈에 비췄던 외부 세계는 희미해졌거나 이미 사라졌다. 그들은 벽에 걸린 그림, 곁에서 돌봐주는 간병인을 더 이상 알아보지 못할뿐더러 심한 경우에는 적색과 청색을 구별할 수가 없다. 그래도 그들은 여전히 자기 주변에 무엇인가 있다는 것을 인식한다. 그래서 그들은 자신을 자극해 동요하게 만드는 어떤 것, 그런 분위기에 민감하게 반응한다. 무엇보다 멜로디에 매우 민감하다. 그들은 실제로 내면 안에서 엄청나게 크고 존재를 뒤흔드는 대상과 관계하는데, 이 관계는─시모네의 말을 빌리면─콧구멍에서 시작된다. 그리고─내가 반복해서 관찰한 바에 따르면─이 대상은 신체, 분위기, 멜로디를 통해 경험한다.

이런 상황에서 우리는 어떤 도움을 줄 수 있을까? 우선 이런 현상이 이해되고, 회자되고, 누구에게나 있는 일로서 받아들여지는 것이 중요하다. 즉 간병인이 죽어가는 사람들의 깊은 반#의식에서 어떤 일이 발생하는지를 알고 이해하면 그들에게 큰 도움이 된다. 또한 그들을 고통스럽게 했던 여러 투영들(악마를 만났다거나 사물이 움직인다는 식의 투영들)이 나타나지 않을 수도 있다고 설명해주었을 때 효과를 본 적도 있다. 가끔 경직된 몸이 이완되는 환자들도 있지만 대부분의 경우 그들은 실신한다. 이뿐만 아니라 가끔 신의 완전히 다른 형상을, 말하자면 징벌을 내리는 신보다는 환자 곁에서 보호하는 신의 형상을 소개하는 일도 도움이 된다. 이 방법은 종교적인 사람들에게뿐만 아니라 불가지론자들(88쪽 각주 참조)에게도 효과적일 때가 있다. 추측건대 그들 역시 거대한 누미노제의 존재와 만나는 경험을 하기 때문에 이를 상징하는 하느님의 이름 정도는 알고 있을 것이다. 그래서 그들에게 하느님을 징벌을 가하는 신상神像으로 소개하기보다는 완전히 다른 존재로, 있는 그대로 소개하는 편이 더 낫다. 나 역시 이런 종교적인 차원에 대해 언급해야 하겠지만 환자들이 이를 수용할지, 머뭇거릴지, 거부할지는 미지수이다. 어쨌든 환자들의 모든 반응, 특별히 환자 개개인의 반응은 죽어가는 사람들 모두가 겪는 일반적인 상황임을 설명해주어야 한다.

무엇보다 종교적인 배경과 관련하여 임종을 준비하는 사람들은 성숙함과 올바른 판단력을 필요로 한다. 임종을 준비하는 자리는 교리를 선포하는 자리도 아니고 길을 잃은 어린양들을 보금자리로 되돌려놓는 장소도 아니다. 그 자리에는 누미노제의 경험에 절망하는 사람들이 누워 있다. 그러면 그들이 고통받고 있는 영역, 우리의 지각 방식으로는 인식할 수 없는 영역에 대해 아무런 말도 하지 말아야 하는가? 분명 그렇지는 않다. 하지만 그들의 고통을 덜고, 그들을 도울 수 있는 말을 해야 한다. 만약 그들에게 도움이 되지 않는 말들을 늘어놓는다면 그 말들은 마치 쓸모없어 버려지는 물건과도 같다.

임종 과정은 어떻게 진행되는가? 이 질문의 대답은 구체적이고 다양하다. 임종 과정이란 원초적 불안을 지나 더 깊이 있는 원초적 신뢰 안까지 들어가서 경직된 상태를 이완하는 과정이다. 또한 임종 과정은 완전히 다른 누미노제의 실체에서 떨어져 나온 공포를 지나 더 깊은 차원으로, 존재의 토대가 되는 것 안으로 들어가는 과정이다. 이런 과정을 거치는 사람들이 보여주는 모습은 다양하다. 이미 몇 사례를 이야기했다. 이제 나는 의식과 무의식의 경계 통과 이후의 공간을 묘사하고 영적인 세계의 개방에 대해 차근차근 기술하고자 한다. '문'이 열리고 있다! 이 문은 영성과 관계될 뿐만 아니라 인간과 초월적인 존재 사이에서 경험하는 고차원적인 정신과도 연관되어 있다. 내가 결코 파악할 수 없는 이 초월적인 존재는 나를 꼼짝 못하게 사로잡을 수 있는 존재이다.

신학적으로 말하자면 인간은 자기 자아 안에서 죽어간다. 그리고 누미노제와 '신성 모독'(위험을 무릅쓰고 이 개념을 사용한다. 마치 파괴만을 일삼는 하느님의 상)과 같은 것으로 점철된 끔찍한 경험을 지나 하느님 안으로 들어간다. 존재론적으로 말하자면 의식과 무의식의 경계이자 '대상을 경험하는' 통로에서 죽음이 발생한다. 경계 통과 이후에도 존재가 있고 존재자가 있다. 즉 인간은 존재자이면서도 이전의 자기와 전혀 다른 타자가 되어 죽는다. 이에 대한 예를 모세에게서 찾을 수 있다. 그는 "나는 곧 나(나는 스스로 있는 자●)"인 존재 안으로 들어간다. 이해할 수 없는 비밀이자 신비이다.

불안의 흔적들로부터의 자유

상실과 누미노제에 대한 원초적 불안으로 죽음에서의 모든 불안이 설명되었을까? 인간의 조건Condition humaine인 불안에 대해 한 가지 설명만으로 우리는 만족할 수 있을까? 나는 아니라고 본다. 또 다른 핵심 단어인 '각인된 흔적Prä-gung'이 추가되어야 한다.

불안은 우리에게 자기 흔적을 남기고 각인된다. 지금도 새로운 불안의 흔적들이 새겨지고 있다. 특히 주체가 형성되는 초기 단계(엄마의 자궁 안에서, 태아로서, 자연의 힘에 맞서는 원인原人Urmenschen의 경험)[37]에서 불안을 느낄 때, 받은 위협이 매우 강하게 느껴질 때 불안은 우리에게 각인된다. 이렇게 일찍 형성된 불안은 계속 살아남아 어느 곳(개인, 집단)에나 존재한다. 자주 깨닫지 못하지만 불안은 인간의 성격 구조를 결정짓고, 문화를 형성하는 동력動力이 되기도 한다.

• 탈출기 3장 14절: 하느님께서 모세에게 "나는 있는 나다" 하고 대답하시고, 이어서 말씀하셨다. "너는 이스라엘 자손들에게 '있는 나'께서 나를 너희에게 보내셨다 하여라."

우리는 불안으로부터의 자유라는 존재 양식을 추구하면서, 또 죽음의 고통에서 벗어나고자 몸부림치는 모습을 지켜보면서 질문하지 않을 수 없다. 개인적으로 각인된 불안은 무엇이고, 나와 관련된 문화에 새겨진 불안은 어떤 것이 있을까? 우리 자신, 삶, 나의 반응 가운데 각인된 불안은 어디에 숨어 있는 것일까? 우리 문명과 종교 그리고 사회 구조 가운데 각인된 불안이 간접적으로 영향을 끼치는 곳은 과연 어디일까? 도드라지게 각인된 지배 요구, 존재보다는 소유의 성향이 강한 태도, 만연한 나르시시즘과 자기중심적인 문화, 남성우월주의, 이성에 대한 강조 등이 문화적이고 개별적인 불안의 '표식'으로 끈질기게 남아 있다. 왜냐하면 이러한 형식들이 원초적 불안을 잠재우기 때문이다.

이와 관련하여 전기傳記와 문화사文化史에서 엿볼 수 있는 점을 짧게 언급하는 것이 좋을 것 같다. 우리는 태어나 성장하면서 모든 인격 발달을 규정하는 시기인 자아 형성 초기에 이른다. 이때 원초적 불안을 경험하는데, 이는 격리, 분리, 욕망, 나르시시즘, 관계 결핍으로 나타난다.[38] 아직 불안이 각인된 적이 없는 자아는 앞으로, 즉 자신의 원초적 경험에서 출발해 자기 안에 있는 지배적인 힘을 향해 나아가면서 불안의 각인을 경험한다. 도드라지게 각인된 원초적 불안 배경을 갖고 있는 인간과 문화 안에서 이 불안을 극복하려는 시도로 거부 반응과 보호 반응이 생겨난다. 초기에 이러한 것들이 '얽히면 얽힐수록' 나중에 얽힌 것을 풀려는 압박은 더 커진다. 이런 요인들이 아브라함 식의 문화와 종교의 원역사原歷史에 영향을 끼쳤던 것 같다.

불안이 각인했던 모든 것이 죽음에서는 소멸되어야 한다. 자아의 경화硬化, 불안으로 인한 거부 반응, 내적 거부, 초조함, 투영되고 즉각적으로 반응하는 욕망이 사라져야 한다. 죽음이란 불안의 각인으로부터의 해방이다. 죽기 전까지 자기 자신에 대해 특별한 인상을 가져본 적 없이 단지 당연히 해야만 하는 것을 하고 산 에릭은 죽어가고 있었다. 그는 숨을 헐떡거리면서 아내에게 털어놓았다. "전에 느껴보지 못한 자유를 느끼고 있어. 마치 가족과 사회에 대한 부담을 내려놓은 것 같은 기분이야. 난생처음 나다운 '나'가 된 것 같아."

요약

· 모든 자아의 죽음은 자신의 원초적 불안─모든 것을 삼켜버리는 주둥이 그리고/또는 내던져진 존재─을 지

나치지만 거기서 완전히 벗어나지는 못한다. 곧 이런 경험은 한 통로에서 다른 통로로 옮겨 다닐 뿐이다(죽음에서 구별될 수 있는 것은 단지 통로에 대한 의식뿐이다. 그래서 이를 인식하지 못하는 일이 자주 발생한다).

• 이 통로―그리고 이와 함께 죽음―는 자아에 의해 계획되거나 만들어질 수 없다. '자기 결정적'이거나 의도적으로 '만들어진' 죽음도 존재하지 않는다. 만약 그러한 죽음이 존재한다면 그건 망상적 개념처럼 보일 뿐이다.

• 자아가 인정할 수밖에 없는 것은 죽음의 당위성뿐이다. 즉 자아는 자신이 죽을 수밖에 없는 존재임을 받아들일 수 있을 뿐이다(그의 입장에서 보면 태어난 곳으로 되돌아가는 피조물의 운명일 뿐이다). 이를 수용하는 자아는 고통을 조금 더 덜 수 있다.

• 죽음에서 중요한 것은 불안 해소가 아닌 불안이 각인한 것으로부터의 자유이다. 이것이야말로 실존적인 자유이다.

• 인간은 자신의 죽음에 다가설 뿐만 아니라 이를―그 뒤에 있는 비밀도―수용한다.

4장

죽어가는 사람은
듣고 있다

죽어가는 사람들도 소리를 듣는다. 그들 가운데 많은 이들이 혼수상태에 빠져 아무런 반응이나 움직임을 보이지 않는데도 소리를 듣는다. 의식이 없는 상태에서 죽어가는 사람들에게도 소리나 음악[39]을 통해 말을 전할 수 있다. 신경생물학에 따르면 음악은 고통, 불안을 느끼거나 우울증에 걸린 사람들에게 긍정적인 효과를 미친다고 한다.[40] 말하자면 음악은 의식의 가장 깊은 곳까지 도달하는 매체이다. 우리는 그림과 상징을 무의식의 기운이 형태, 형식과 빛깔로 표현된 것으로 이해한다. 반면에 음악이라는 매개체는 잘 이해되지는 않지만 꿈 의식보다 더 깊은 곳까지 도달한다(부록 〈그림 3〉 참조). 음악은 선율과 리듬, 화성과 시간성(강조, 셈여림)의 복합체이다. 선율은 소리를 들을 수 있는 공간이다. 리듬은 경험할 수 있는 시간으로, 어디에나 존재하는 가장 원초적이고 궁극적인 시간 경험이다(원인原人은 리듬에, 태아는 엄마의 심장 소리에, 갓난아이는 잔잔한 리듬에 민감하게 반응한다). 음악적 관점에서 보면 죽음은 예전에 잘 나갔던 로커에게도 더 이상 리듬에 반응을 보이지 않는 비극을 선사한다. 존재에게 선율은 비움과 채움(경계 통과 순간의 누미노제 경험 참조)보다, 전혀 다른 존재에 대한 경험(경계 이후 음악에 빠져드는 것)보다 더 중요하다. 나는 임종이 가까울 때 음악에 대한 경험이 변한다고 다른 곳에서 언급했다.[41] 임종 환자들에게 음악은 전체적으로 선율과 리듬의 차원으로서 이해된다. 또한 여기서 음악은 고요함, 소음, 대화에서의 목소리 억양뿐 아니라 들을 수는 없지만 소리를 내는 식물군까지 포함한다. 음악은 죽어가는 사람들에게 도달하고 그들의 세계를 형성한다.

죽음이 가까워 외부 자극에 민감한 사람들은 지나치게 생생하거나 경직되어 있다. 그들은 아무 저항도 하지 못한 채 외부 자극의 세계에 내던져져 있다. 운동력이 떨어져 거의 움직일 수 없고 집중력도 떨어지며 바보처럼 되어버린다. 말하자면 죽어가는 사람들은 우리가 이해해야 할 사람들이고, 연민을 갖고서 그들이 듣는 소리를 함께 들어야 하는 존재이다.

죽음이 임박하면 공간 감각이 변한다. 예를 들면 째깍거리는 시계 소리가 상황에 따라서는 환자를 안정시킬 수도 있고 위협할 수도 있다. 어떤 환자에게는 이 소리가 괴수의 간헐적인 기침처럼 들리기도 한다. 또 환자들은 열린 창문 너머로 들리는 오토바이 엔진 소리나 날카로운 자동차 브레이크 소리를 듣기는 하지만 그 소음이 안에서 들리는지 바깥에서 들리는지 더 이상 구분하지 못하고, 그냥 듣고 있거나 무시한다. 또한 그들에게 한밤중의 소름 끼치는 고요함은 괴물이 모든 소리를 먹어치웠거나 아무것도 하지 않은 데에 기인한다. 이처럼 아무것도 보이지 않고 위협을 가하는 대상이 없어도, 극단적인 소음(외부 자극이 지나치게 심한 경우)과 극단적인 지루함(외부 자극이 지나치게 적은 경우)이 죽어가는 사람들을 숨 막히게 한다. 죽어가는 사람들의 의지와는 상관없이 그들에게 가해지는 외부 자극은 전적으로 그들의 몫이자 위협이 된다. 이럴 경우 그들은 자신을 자극하는 것에 무작정 동조하거나 무의식적으로 저항한다. 그러다 경련이나 고통이 일어나기도 하고 심지어 실신하기도 한다.

죽음이 가까워지면 시간 감각도 변한다. 이때 처음에는 끔찍하지만 나중에는 평온해지는 결과가 나타날 수 있다. "내가 비상벨을 울렸는데도 왜 아무도 오지 않지?" "당신, 하루 종일 나를 혼자 내버려두는 이유가 도대체 뭐야?" 남편이 아내에게 소리쳤다. 하지만 아내는 바람 쐬러 잠시 나가 있었을 뿐이었다. 더 이상 시간 감각이 없는 상태에서 기다림은—간병인이 단 5분간 자리를 비웠더라도—환자에게는 너무나 긴 상실감으로 다가온다. 임종 환자를 간병하는 일은 마치 갓난아기를 돌보는 일과 같다. 간병인은 환자를 이해하고 정성을 다하여 일일이 챙겨주어야 한다. 간병하는 일이 너무 힘들다고 환자에게 이야기를 해봐야 아무 도움이 되지 못한다. 차라리 갓난아기에게 돌보는 일이 힘들다고 말하는 편이 훨씬 더 나을 것이다. 환자는 간병인의 어려움을 이해하지 못하기 때문이다. 간병인은 어차피 자신이 해야 할 일이고 잘할 수 있다고 생각하고, 환자가 이해하지 못한다는 사실을 기억하면서 환자를 돌봐야 한다. 이처럼 잘 보살폈던 아내는 중병을 앓고 있는 남편에게 애정 어린 목소리로 말했다. "그래요. 당신이 화를 낼 만해요. 당신 입장이었다면 나도 화를 냈을 거예요." 그녀는 자신의 부재에 대해 변명하거나 합리화할 필요가 없었다.

죽어가는 사람들이 시간 감각을 잃는 이유는 무엇일까? 갓난아기는 아는 것이 별로 없다. 물론 많은 시간이 지나면 자연히 많이 알게 될 것이다. 하지만 죽어가는 사람에게는 무엇을 배울 수 있는 시간과 기회가 더 이상 주어지지 않는다. 아기들은 점차 더 많은 리듬감(고요함의 리듬, 낮과 밤의 리듬)을 익혀나가겠지만, 반대로 중증 환자와 죽어가는 사람은 점차 리듬감을 잃어버린다. 그들은 자아 안에 있는 시간 감각을 유지하기 위해서 규칙적인 리듬감(예: 간병인의 리듬, 식사 리듬, 방문 리듬)에 주목한다. 하지만 어느 순간 이런 규칙적인 리듬감마저 잃고 외부의 소소한 움직임이나 변화에 매번 소스라치게 놀란다. 예를 들어 자신이 깨어 있는 지금 이 시간이 낮인지 밤인지 모르다가 갑자기 깨닫는다. 또한 오래전부터 고통에 시달리고 있었는데도 마치 별안간 찾아온 것처럼, 처음 느끼는 것처럼 고통에 경악하고 만다. 이뿐만 아니라 거리감을 거의 상실한다. 그들 눈에는 침대 곁에 있는 간병인이 갑자기 까만 그림자처럼 보인다. 또한 근거리에 간병인이 있는데도 마치 멀리서 오는 사람을 애타게 기다리는 사람처럼 행동한다. 물론 돌연 누군가를 알아볼 때도 있다. 하지만 이것이 그들의 지각 능력 전부이다. 임종이 가까울수록 이런 경향은 더욱 심해진다. 왜냐하면 그들은 리듬감 같은 지각 기준점을 점차 잃어가기 때문이다. 그들의 삶을 오랫동안 받쳐주었던 것들(리듬감, 방향 감각, 시간 감각 등)이 소멸하고 있기 때문이다. 그런데도 새로운 세계와 존재 양식이 (경계를 통과하는 순간에는) 아직 등장하지 않는다. 그들은 여전히 경계선에 또는 경계 너머에 있는 것을 보지 못한다. 자아에서 완전히 다른 존재로 넘어가는 과정은 위기 속에서 투박하게 진행되고, 어떤 힘에 이끌리듯이 이리저리 왔다 갔다 한다.

환자 페릴로가 말했다. "저는 인생을 뒤돌아보고 싶지 않습니다. 지금까지 살면서 인생을 돌아보는 것은 제게 중요한 일이었지만 이제 더 이상 그러고 싶지 않습니다. 저는 단지 불안에 맞서 결정할 수 있을 뿐입니다[인격적 행위로서]. 그리고 여러분[의사, 간호사, 가족]을 믿고 싶습니다."

시간 감각이 소멸해가는 사람들을 간병할 때 동시에 임종 준비도 해야 한다. 우리는 그들의 시간 감각에 대해 정확히 아는 바가 없다. 죽어가는 사람들에게 우리와 같은 지각, 인지 능력이 여전히 남아 있을까? 그들에게 5분은 어느 정도의 시간일까? 그들은 혹시 길을 잃고서 시간이 무한대로 늘어나는 중간계에 빠져버린 것은 아닐까? 아니면 시간 개념조차 없는 경계 통과 이후의 평온함 속으로 이미 들어간

것은 아닐까? 그것도 아니면 이미 무한의 세계로 넘어간 것은 아닐까? 이처럼 우리가 의문을 제기하는 이유는 귀를 열고서 그들에게 신중을 기하기 위함이다. 이것은 시간 감각의 범주에만 국한된 것이 아니라 공간 감각 변화와 신체 변화에 대해서도 마찬가지이다.

죽어가는 사람들은 듣고 있다. 이것은 이 책에서 가장 기본적인 진술 중 하나로, 임종을 준비하는 우리에게 그들을 적극적으로 돌볼 것을, 즉 그들이 주변의 소리(말)를 잘 듣고서 알 수 있도록 보살필 것을 요구한다. 우리는 임종 환자들이, 비록 그들이 대부분의 시간 동안 의식이 없다고 해도, 자신의 감각에 의존하여 사람들이 자신에게 하는 말을 '잘 들으려고' 하고 그 말에 반응하려 한다는 것을 알고 있다 (예를 들어 가족과의 화해에 대해서는 6장의 〈가족 간의 화해 과정〉 참조). 여기서 그들이 '듣는다'는 것은 우리가 듣는 것과 다르며 그 차원을 넘어선다. 말하자면 외부 자극에 매우 민감하고 동요하는 존재가 되어가고 있고, 자기중심적 존재로부터 가장 멀리 떨어져 있으며, 전혀 다른 존재 안에 발을 들여놓고 있다. 즉 그들은 전혀 다른 존재와 연결된 존재이다.

물론 죽어가는 사람이 듣고 있다고 해서 문제가 없는 것은 아니다. 그에 따라 부조화, 스트레스, 해결의 기미가 보이지 않는 가족 간의 긴장감, 그리고 '염세적인 세계관' 등 여러 좋지 않은 결과들이 종종 나타나기 때문이다. 이에 그들은 아무런 저항도 못한 채 의존적이고 많이 억눌려 있다. 경계를 통과하는 순간에 가장 의존적인 존재가 된다. 하지만 경계를 통과한 이후에 그들은 기적과도 같은 궁극의 평온으로 넘어간다. "참 아… 름… 답… 네……." 한 남자가 무엇엔가 시선이 꽂혀 더듬거리면서 말했다. 그는 공기 압축 드릴이 소리를 내면서 작동하는 것을 보고 있었다. 어느 누구도, 어떠한 것도 그의 마지막 자유를 방해할 수 없었다. 다른 환자들도 아무런 고통이나 위기 없이 그와 같은 존재감을 느낀다. "이렇게 기분이 좋다니…… 참으로 놀랍네요. 어떤 소리를 들어도 더 이상 두렵지 않아요." 사지가 마비되면서 죽어가는 어떤 사람이 천천히 설명한다. 그는 '노란색'을 보았다. "신은 원래 항상 거기에 계십니다. 비록 모습을 보지 못했지만 목소리만은 듣고 있습니다." 신앙인으로서 죽어가는 한 여성이 설명했다. 그녀는 이 신을 몇 주 전부터 동경하고 있었다.

무신론자인 아름브루스터는 과묵한 성격이지만 대화할

때는 목소리와 미묘한 뉘앙스에 매우 민감한 편으로, 두 영역 사이를 왔다 갔다 했다. 그와의 대화는 가능했다. 그는 서로 다른 두 영역을 잘 이해하고 있는 듯 보였다. 경계 통과 이전 단계에서 그는 너무나 고통스러워 얼굴빛까지 붉으락푸르락했고 적극적으로 안락사를 원했다. 경계 통과 이후로 접어들었을 때는 매우 평온했고 자녀들과도 만났다. 생각하는 자아가 다시 그를 붙잡아(경계 이전으로 되돌아오고 나서) 죽음을 어떻게 맞이할지를 머릿속으로 그릴 때까지 말이다. 하지만 그에게 또다시 분노가 찾아왔고 고통이 커졌다! 이어 그는 경계 통과 이후의 평온 속으로 들어갔다. 이런 과정을 반복했다. 이제는 그를 평온 속으로 완전히 되돌려놓을 일만 남았다. 그런데 어떻게 되돌려놓을까? 딸의 사랑으로? 그가 암묵적으로 동의했다고 치고 음악을 통해, 아니면 약물로? 며칠이 흐르자 대화는 더 이상 불가능했다. 그는 한 번 더 두 영역을 오갔다. 얼굴이 일그러졌고, 신음소리가 커지더니 비명이 터져 나왔다. 곧이어 다시 평온해졌다. 무슨 일이 그에게 발생했는지는 몰라도 근육이 이완되고 신음과 비명은 잦아들었다. 나는 딸과 함께 그의 곁을 지켰다. 죽음의 문턱을 넘어 전혀 다른 존재, 실체 안으로 들어가는 그에게 질문한다. "들리시나요?" 조용하다. 아무 반응이 없었다. "당신은 지금 제 말을 듣고 있지요?" "으……." 딸과 나는 동요한다. "제 말이 들리시나요?" 내가 가까이 다가가 묻는다. "아빠 내 말 들려?" 딸이 묻는다. 그는 반응을 보이지 않는다. 나는 기도를 떠올렸지만 충동을 자제한다. 그는 무신론자이기 때문이다. 하지만 내 안에서 다시금 충동이 일고 조심스럽게 말을 꺼낸다. 목소리가 떨린다. "들리시나요? 당신 주변에서 들리는 소리가 있나요? 뭔가 흔들리는 진동이나 신의 존재를 느끼시나요?"* "아……." 몇 분 뒤에 아름브루스터는 확실히 더 깊은 혼수상태 안으로 빠져들었다. 그리고 몇 시간 뒤에 조용히 숨을 거두었다. 그가 듣고 있었을까?

사지가 마비된 상태에서의 청음 또는 혼수상태와 임사체험에 대한 지식이 알려진 덕분에, 죽어가는 사람들이 곁에서 전하는 말을 듣고 있다는 주장은 오늘날 나름대로 설득력이 있다. 나는 삶에서의 청각적 차원을 말하고 있다. 하지만 우리 인간은 이 차원을 알 수가 없다. 이 차원은 우리의

---

* 그런 상황에서 신성 또는 신이 개입되는지, 어떻게 그렇게 되는지에 대해서는 88쪽 각주 참조.

것과 완전히 다르며 더 큰 존재 안으로 들어가는 순간과 포괄적인 의식과 무의식의 경계 근처, 그리고 이 경계를 통과한 이후까지 포함한다.[42] 이는 자아 형성 과정(태아, 유아)에서도 나타나며, 더 깊은 퇴행(중증, 위기), 혼수상태와 죽음에서도 나타난다.

어떻게 대처해야 하는가?

우선 죽어가는 사람들의 특별한 민감성을 의식할 필요가 있다. 그들은 자기 경험을 가장 우선시한다. 그들은 인간이 그런 한계 상황에서 얼마나 쓸모없고 얼마나 의존적인 존재가 되는지를 예민하게 생각한다. 뿐만 아니라 자신에게 일어나는 모든 일이 얼마나 리듬감 있고 얼마나 자극적인지에 대해 민감하게 반응한다. 평범한 사람들은 이 민감성을 합리적으로 받아들일 수 없다. 그들은 이 민감성을 다만 천천히 엿들을 수 있을 뿐이고 영혼 깊은 곳의 언어를 경청할 수 있을 뿐이다. 강습회를 하는 이유가 바로 민감성의 경험 때문이다.*

---

* 고통완화 의학 전문가인 다니엘 뷔혜 박사와 함께 진행하고 있는 강습회는 이

나는 임종을 준비하는 사람들에게 자신이 말한 것을 스스로 들을 수 있도록 연습을 하라고 권유한다. 임종 자리에서 흔한 불분명함을 제거하기 위해서이다. 다시 말해 내가 전하는 말이 환자에게는 음악처럼 들리도록 해야 한다는 의미이다. 그래야 환자에게 내 말이 전달될 수 있기 때문이다. 내가 하는 말을 나 자신이 알아들을 수 없다면 환자들도 당연히 나의 말을 들을 수가 없다. 또한 이렇게 임종을 맞이하는 자와 준비하는 자가 서로의 말을 듣는다는 것은 일종의 감정 소통으로, 우리를 솔직하게 만든다.

세 번째로 우리가 돌보면서 깨달은 것을 죽어가는 사람들에게도 알게 해야 한다. 말하자면 우리의 간병, 환자에게 다가가려는 노력, 작별 인사가 그들에게 전해져야 한다. 하지만 그들이 우리 행동에 반응을 보일 거라는 기대는 갖지 않는 것이 좋다.

마지막으로 임종 준비에 적극적으로 동참하려는 의지가 도움이 된다. 죽어가는 사람도, 곁에서 지켜보는 사람들도

미 언급한 징후들에 대한 정보들뿐 아니라 사례 중심의 토론, 상징 연구(동화), 음악 여행을 다룬다. 여기 참석자들 대부분은 동요에 대한 자기 민감성에 가까이 다가간다.

죽음을 기다리고 준비하지만 임종 과정을 제대로 준비하기에는 다들 역부족이다. 그래서 임종 준비를 하면서 고통을 완화시켜줄 사람을 구할 때는 전문 지식과 소통 능력과 꼼꼼한 준비 외에도 민감한 청력과 함께 고통을 능숙하게 다루는 수준 높은 능력까지 따져보아야 한다.

5장

죽어가는 자의 언어

상징적 체험들

마이어 부인은 침대 위에 단단히 묶인 채 소리를 질렀다. "도와주세요, 내가 떨어져요!" 그녀의 몸 아래에—그녀의 내적인 지각에 따르면—커다란 구멍이 입을 벌리고 있었다고 한다. 중력을 느끼는 그녀의 감각은 분명히 변했고, 그녀 자신이 이 세계의 질서에서 벗어날 수 없는 존재임을 망각하고 있었다. 그녀의 추락은 내면에서 일어난 일이다. 그녀는 밑으로 떨어졌고, 그 안으로 빨려 들어갔다. 이 모든 것이 그녀의 지각 능력이 변했음을 보여준다.

첸더는 소리친다. "우, 우프,…… 우프. 센티스." 그가 손을 앞으로 내미는 이유를 우리는 이때까지 몰랐다. 나중에 천신만고 끝에 밝혀냈다. 그는 내면에서 (스위스 동부에 있는) 센티스 산을 오르고 있었다. 도중에 짐승을 만났고 설상가상으로 건너편과 이어진 다리는 끊어졌다. "건너가요!" 나는 그가 건널 수 있는 다리를 손으로 만들었다. 하지만 내가 건너가라고 말한 것은 단순히 센티스 산을 넘어가라는 의미가 아니었다. 다른 것을 넘어가야 했다. 그는 점점 힘을 주면서 내 손을 잡아당기는 것 같더니 건물이 붕괴되듯이 일시에 아래로 손을 떨어뜨리고 잠들었다. 이후 다시는 넘는 기회를 잡지 못했다. 그는 넘는다는 의미를 이해했을까?

이 두 사람은 정신착란 상태에 빠졌던 것일까? 내가 알기로는 죽음이 가까운 사람들 가운데 소수만이 정신착란 상태에 빠지고 대부분의 경우는 그렇지 않다. 정신착란이란 개념은 특별한 경우 유용할 때가 있지만 죽음의 문턱을 넘나드는 사람들 대부분은 이 개념으로 설명되지 않는다. 오히려 죽음과 관련해서 마지막으로 나눈 대화와 상징 언어가 더 중요하다. 죽음을 눈앞에 둔 사람들(뷔헤 박사에 따르면 이런 사람들의 65~85%가 말로 진술한다)은 더 이상 합리적·논리적으로 생각할 수도, 경험할 수도 없다. 그렇다고 그들의 말이나 표현 전부가 비논리적이고 혼란스러운 것은 아니다. 그들은 은유적, 유비적, 상징적으로 죽음의 문턱을 경험한다. 그들과 임종 준비가 소중하다면 그들의 말을 구분하는 것이 매우 중요하다. '정신착란'이라는 말은 몰이해, 무가치와 자주 결부된다. 그에 비해 사람들은 상징 언어라고 하면 의미를 부여하고 정신착란보다는 더 많은 공감을 표현한다. 상징은 절대로 우연일 수 없다. 오히려 기운, 주제, 변화의 압박 때문에 불가피하게 존재한다. 또한 반복해서 등장하는 상징은 인간의 본질과 죽어가는 사람들의 위기를 표현하기에 우리가 상징에 반응할 수 있는 것이다.

한 환자가 자기 내면에서 거미들과 거미집을 보고 모두 제거하려고 했다. 그때 나는 "여긴 거미의 흔적조차 없습니다. 정말 깨끗해요. 매일 아침 청소 아주머니가 오시잖아요"라고 말하지 않았다. 나는 자문했다. 혹시 그가 영적이고 정신적인 청소를 원하는 것은 아닐까? 그는 원초적 불안을 갖고 있거나 인간관계의 그물에 걸려든 것은 아닐까? 또는 거미줄이라는 상징 안에 비밀스러운 힘이 깃든 건 아닐까? 혹시 청소는 옛것을 극복하고 새로운 질서를 만들어내는 상징이 아닐까? 만약 어떤 환자가 암흑 속에서 사투를 벌이고 있다면, 나는 스위치를 찾아 불을 켤 것이고 더 나아가 그를 구하기 위해 그와 함께 내적인 빛을 찾아 나설 것이다. 아마도 천사에 대해 질문할 것이고 성서에 묘사된 묵시적 싸움을 떠올릴 것이다.

여기서 나의 관심은 병리학적 관점에서 환자들을 바라보는 것이 아니라 그들의 정신 상태, 기이한 표현 방식, 그리고 정상적인 상태에서는 '불가능하지만' 그들에게는 일반적인 반응들을 선별해내는 일이다. 만약 내가 그들과 같은 상태에 놓인다면 나에게도 그런 일들이 일어나지 않을까? 나역시 소리치고, 이상한 신음소리를 내며 온몸이 경직되지 않을까? 그들과 마찬가지로 나도 다른 사람들이 이해하건 말건 내면에서 본 것을 설명하려 들지 않을까?

죽어가는 사람들의 상징적 체험을 이해하기 위해서는 내면을 탐색할 수 있는 감각과 직관력이 필요하다. 나는 그들이 사용하는 문장과 제스처가 무엇을 의미하고, 그들의 외침에는 어떤 내용이 들어 있는지 정확히 알 수가 없다. 그래서 그 흔적을 찾아 나선다. 이를 위해서는 상징과 맥락에 대한 지식이 반드시 필요하다. 아마도 상징 백과사전이 훌륭한 역할을 해줄 것 같다. 또한 카를 융의 주관 단계 해석 Subjektstufige Deutung●이 꿈을 해석하는 데 많은 도움을 줄 것

● (옮긴이주) 융의 꿈의 해석에는 두 가지 유형인 객관 단계와 주관 단계의 해석이 있다. 객관 단계의 해석은 꿈에 나타난 사람이나 상황을 객관적으로, 실재적으로 이해하는 방식이다. 만약 꿈에 실제 친구가 등장했다면, 그 친구와의 객관적·

이다. 이 해석을 통해 나는 꿈에 나타난 다양한 형상 속에서 꿈을 꾸는 사람의 일정한 부분을 들여다볼 수 있을 것이다. 만약 내 꿈에 굶주린 개 한 마리가 등장했다면 아마도 그 개는 내 영혼의 어떤 부분이 '투영된' 형상일 것이다(소진의 표현). 또는 동화 〈홀레 할머니〉처럼 꿈에서도 시커먼 기름을 뒤집어쓴 친딸 마리와 몸에 황금이 빈틈없이 달라붙은 의붓딸 마리가 동시에 존재하는 것 같다. 이러한 양면성은 내 내면의 세계에도 존재하는 듯하다. 환자들의 상징 언어를 탐구할 때 나는 그들이 여러 번 언급했던 모티브(배, 산, 배낭)와 기운(움직임, 빛깔, 선악)에 집중하고자 한다.

꿈에서 자신의 죽음을 미리 보았던 남자가 얼마 뒤에 하

현실적 관계나 경험에 대해 질문하고 꿈의 내용을 알아낸다. 하지만 객관 해석의 대상이 한정되어 있기 때문에 부모, 자식, 부부, 친한 친구 등 꿈을 꾸는 사람과 중요한 관계를 맺고 있는 사람만이 해석의 대상이 될 수 있다. 그리고 이 해석은 꿈의 내용을 그대로 이해하는 것이기 때문에 연상이 필요 없다. 이에 반해 주관 단계의 해석은 꿈에 나타난 사람이나 상황이 꿈을 꾸는 사람의 정신적 일면을 상징적으로 표현한다는 전제 아래 꿈을 해석하는 방식이다. 상징적으로 표현된 꿈이 가리키는 의미를 이해하기 위해서는 연상 개념(개인 연상, 집단 연상)이 필요하다. 예를 들어 꿈에 초등학교 시절의 친구가 등장했다면 꿈을 꾼 사람의 개인 연상에 대해 질문할 수 있는 반면에, 꿈에 용이 등장했다면 꿈을 꾼 사람은 용을 직접 만난 경험이 없기 때문에 개인 연상이 아닌 집단 연상(신화, 전설, 민담, 종교 등에서 표현된 용의 의미)을 통해 꿈의 의미를 밝혀내야 한다.

루 종일 건너편 산을 바라보면서 마치 그 자리에 붙박인 듯이 계속 서 있었다면 그에게 물었을지도 모른다. "당신은 마치 산에 있는 것처럼 느끼나요?" "당신은 산을 넘을 수 없나요?" 아니면 "당신은 신성한 산, 즉 과거의 사람들이 신과 만났던 산을 보고 있는지요?" 하지만 이제는 묻고 싶은 충동을 버리고 앞을 더듬으면서 조심스럽게 나아가 새로운 것을 발견하는 것이 더 낫다고 생각한다. 그렇다고 이런 사람들의 존엄성을 생각해서 내가 우연적이고 무의미하게 보이는 것들에 대해 말하는 것은 아니다. 외부적 관점에서 보면 우리가 이해하지 못하는 것, 죽어가는 사람들의 언어, 그리고 몸으로 표현된 상징들에는 아무런 의미가 없다고 말할 수 있을지도 모른다. 하지만 이 말은 우리의 한계를 드러낼 뿐이다. 분명 내면과 외면은 서로 다르다.

상징의 해석들

방향을 제시하는 측면에서 자주 언급되는 상징들과 그 의미들을 먼저 다루고자 한다.[43]

경계 통과 이전

이 시기의 상징 체험은 경계 통과 순간과 통과 이후보다 드물게 나타난다. 왜냐하면 통과 이전에 자아는 자신의 모든 기능을 대부분 어느 정도 사용할 수 있고 여전히 통제하고 있기 때문이다. 하지만 상징적인 징후들이 뜬금없이 나타날 때가 있는데, 이를 눈치 챌 때면 이미 통제력을 상실한 이후다. 특히 이전부터 고통을 느꼈는데도 적절한 대응을 하지 못했고 심지어 고통을 경감하는 방법조차 몰랐던 사람들은 현재 이중의 고통을 당하고 있다. 세상과의 작별, 이를 받아들일 수 없지만 그래도 인정해야만 하는 갈등 상황, 삶의 상실에 대한 슬픔과 수많은 굴욕에 대한 비통함은 그들에게 너무 지나친 것 같다. 그들은 이러한 것들을 의식적으로 느끼지 못하지만 상징으로 표출한다. 이러한 과정은 반의식적인 차원에서 일어나고 꿈 의식과 유사하다.

이처럼 상징으로 표출되는 원인은 매우 다양하다. 환자들이 감정적 또는 인지적으로 과도하게 내몰려서 그럴 수도 있고, 자신들의 치부나 살면서 잘못했던 것들이 드러나는 것을 경계하기 때문에 그럴 수도 있다. 또한 그들이 성적이거나 영적인 친밀함을 표현하지만 가족들이 이해하지 못하기 때문일 수도 있다. 수수께끼 같은 상징으로 숨겨져 있기 때문에 '어느 누구도 그들의 속을 들여다볼 수가 없고' 그들에게 일어나는 일들이 자아에서 비롯한 것인지를 판단할 수가 없다.[44] "자아는 보이지 않고 가려져 있다."[45] 내가 보기에 죽어가는 많은 사람들이 의도적으로 상징적 차원으로 회피하는 것 같다. 그리고 생명력, 능력, 운동력이 최소한으로 줄어들고 육체적으로 추하게 변해버렸다는 사실을 그들은 참을 수 없는 모욕으로 받아들이는 것 같다. 어쩌면 그들에게는 죽음이 나르시시즘의 최후 보루일 수도 있다. 이 외에도 상징적으로 표출하는 다른 이유가 있다. 뇌전이* 때문일 수도 있고, 그들이 꿈과 영의 세계로 통하는 문 앞까지 갔기 때문에 그럴 수도 있고, 삶의 심연과 비밀 안으로 진입했기 때문에 그럴 수도 있다. 이제 나는 그들이 죽음을 맞이하기 바로 직전의 마지막 의식 과정을 살펴보고자 한다. 모든 것을 알 수는 없지만 부분적으로나마 밝혀낼 수 있는 진실을 추구할 때 우리는 그들을 인류 역사적이고 원형적인 주제 안

• (옮긴이주) 뇌전이Hirnmetastase는 뇌 이외의 조직이나 장기에서 생겨난 암이 뇌로 전이되는 것을 말한다.

으로 밀어 넣는 셈이다. 이해할 수 있는 말보다는 상징적 표현이 궁극적인 비밀에 더 근접해 있고, 그래서 직관적인 접근이 더 낫다. 물론 상징으로 뒤덮인 깊은 심연의 나라로 들어가는 것은 명예로운 일이 될 수도 있고 허황된 기대일 수도 있다.

그런데 우리가 사명감을 갖고서 심연의 나라로 들어간다면 우리는 죽어가는 사람들과 그 가족들을 도울 수 있다고 확신할 수 있을까? 우리는 진정 그들을 이해할 수 있을까? 그들이 열망하는 것은 어디에서 오고 그들의 기운은 어디에서 형성될까? 먼저, 경계 통과 이전에 보이는 것은 무엇일까?

1. 어떤 사람은 해변에 서 있다가 바다로 뛰어든다. 어떤 이는 안개가 자욱하고 습지대가 있으며 덤불이 가득한 숲속에서 방황하거나 황야에서 길을 잃어버린다. 이 두 장면은 원초적 상태로의 접근을 가리키는데, 이 원초적 상태를 거쳐 의식과 무의식의 경계를 통과하려고 한다. 끝을 알 수 없는 심연으로의 추락이 임박했다.

2. 어떤 사람은 가축우리, 돌 더미, 폐쇄된 터널, 통로 앞에 서 있거나 영혼 안에서 무엇인가 건설되고 있는 현장

에 와 있다. 모든 것이 통로의 상징이다!

3. 어떤 이에게는 순탄하지 않은 여행이나 산행이 나타날 수도 있다. 이 여행은 매끄럽게 진행되지 않는다. 비행기가 날지 못하거나 착륙할 수 없다. 자동차는 고장 나고, 식량은 떨어지고, 사람들의 출발 준비가 아직 끝나지 않았다. 가끔 다른 교통수단이나 여행 물품이 등장한다. '오토바이', '은색 지하철', '안경' 등. 예전에 유용했던 것들이 더 이상 쓸모없게 되었다. 새로운 것들을 찾는다. 이 과정은 압박받고 있을 때 발생한다. 하지만 이런 것들이 등장하는 곳에는 밝은 미래를 약속하는 것 같은(예: 은색, 빛나는) 분위기가 물씬 풍긴다.

4. 연약한 날개를 가진 새 한 마리가 나오기도 한다. '불사조'(그리스 신화의 불사조는 타버린 자신의 재에서 부활한다). 변화가 예견된다.

5. 오물, 영혼 청소가 나타난다.

6. 나체. 옷을 도둑맞았고, 예복을 찾을 수가 없다. 지각할지도 모른다는 불안감이 든다. 아직 준비를 끝내지 못했다.

7. 거대한 짐승, 괴수, 용, 늑대, 새까만 남자. 누미노제의

경험이 예견된다. 경계 안으로 접어드는 순간이 머지않았다. 이러한 것들이 죽어가는 사람들을 위협하는 외부 자극들로, 살면서 자신을 억압했던 것들(예: 트라우마)로부터 형상화된 것이다.

8. 이제 쓸모가 없어진 케이블과 우리가 알고 있는 것과는 다른 전기 발전소가 나타나기도 한다. 과거의 관계들은 사라졌지만 새로운 '관계'는 아직 없다. 기운의 영역에 속한 상징들이다.

9. 수많은 눈目들 또는 하나의 거대한 눈. 누미노제를 바라보게 되는 경험. 이는 가끔 피해망상증과 연관되고, 대부분 상징적인 눈이 관계를 만들어낸다.

10. 검은색과 회색을 뚫어져라 쳐다본다. 이 색들이 가리키는 것은 바로 자아의 관점으로, 환자들은 여기서 벗어나지 못한다.

11. 재앙, 악마, 검은색과 나란히 있는 흰색(검은색 케이블, 흰색 케이블은 기운을 표출한다). 억압, 금기(그늘짐)와 더불어 선악의 대결이 곧 벌어질 것 같은 분위기가 감돈다. 비록 우리가 이런 차원에 대해 아는 바가 전혀 없더라도 그런 상징들을 이야기하고 그런 힘을 감지하는 환

자들이 있다.

각 상징적인 형상의 의미를 알려줄 필요가 있다. 죽어가는 사람들에게서 멀찌감치 떨어져 있는 자세는 별 도움이 되지 않는다. 경계를 통과하기 전에 추락하라고, 다시 뛰어오르라고, 통로를 지나치라고, 어떤 일이 일어나더라도 그냥 내버려두라고, 어디를 지나치라고 격려해야 한다. 여기서 언급한 상징들은 일종의 보호 표식과 같다.

경계 통과 순간

경계를 통과하면서 변화가 일어난다. 죽어가는 사람들이 이전과 달리 통로를 관망만 하지 않는다. 직접 경험한다. 몸이 떨리고, 식은땀이 나며, 난관을 견뎌낸다. 이러한 고통은 경계를 통과할 때 이따금 나타나는 증상이다. 그런데 상징적으로 경험하는 환자들도 있다.

1. 바다가 열리면서 큰 구멍이 생긴다(용 상징 참조). 그 안으로 추락한다. 원초적 불안과 위협적인 원초적 존재가 구속의 끈을 풀고 나온다. 숲속, 안개 속, 습지에서 하

는 일이라곤 길을 잃고 방황하는 것이 전부이다. 어둡고 축축하고 춥거나 덥다. 자아는 멈춰버리고, 사람들이 추락한다. 모든 것이 그들에게 들이닥친다. 어느 순간 거대한 덩어리에서 떨어져 나온 형상이나 색의 조각들이 서로 맞춰질 것 같은 전조가 나타난다. 어느 순간 깊이를 알 수 없는 심연에 아주 좁은 바닥이 생기고, 토굴이 만들어지고 문이 열린다. 구멍이 침을 뱉기 시작한다. 긍정적인 움직임, 변화가 생긴다.

2. 죽어가는 자신은 길고 좁은 통로, 터널 안에 있다. 건설 현장은 더 넓어진다. 폭발이 일어난다. 소리가 마치 바람을 찢는 것 같다. 그는 넘어가야만 하는 여러 산들에 둘러싸여 있다.

3. 여행이 시작된다. 폭풍우가 몰아친다. 비행기는 추락하거나 계속 날고 있다. 방해물(짐승, 장벽)은 점점 더 커지거나 점점 더 작아진다. 그러다 갑자기 사라진다. 여행 물품은 더 이상 쓸모가 없다.

4. 마비가 온몸에 퍼진다. 애벌레에서 나비로 넘어가기 전 단계인 고치가 된다. 마치 산 채로 매장되는 것 같다. 불사조를 상징하는 것들이 등장한다. 하지만 단지 '재'

또는 '연기가 피어오른 구름'만이 보일 뿐이다.

5. 오물. 영혼 청소가 시작된다. 초조함, 가려움, 구토 등이 따른다.

6. 나체와 탈의 강요. 몸이 얼 정도의 추위, 덜덜 떨림, 그리고 열기와 땀 흘림. 가끔 불 속을 통과한다. 알몸이 되는 것은 내세의 문을 통과하기 위한 전제 조건인 동시에 온전한 영혼이 되기 위한 필수 조건이다. 자신이 누구인지가 명확해지고 분명 긴 인생이었음을 확인한다. 두렵지만 완전히 발가벗은 채로(자신의 본질적인 모습으로) 거룩한 존재를 만나야 한다. 현상에서 존재로의 전이 단계.

7. 압도적인 거대한 짐승들. 이는 실신, 구역질, 알레르기를 일으키고 궁지로 몰며 이리저리 떠돌아다니는 존재를 가리킨다. 단일 분자로의 해체나 '통과'와 관련된 경험. 가끔 보호받는 경우가 생기지만, 용의 아가리가 어머니의 자궁으로 변하여 평온을 느끼는 그런 일은 발생하지 않는다.

8. 관계망과 연결이 끊어진다. 모든 것이 무너져 내리거나 자신이 왔던 곳으로 다시 돌아간다. 또는 현혹되고, 빛을 쐬고, 녹아내린다. 환상적인 '사건'이 발생한다. 여

기서 다리를 건너갈 것인지가 문제가 된다. 하늘과 땅을 연결해주는 무지개, 즉 하늘에 닿아 있는 '사다리'.

9. 응시, 시선. 자신을 주시했던 눈이 환자 자신을 훼손하고, 파괴하고, 부끄럽게 만든다. 쥐구멍 안에라도 숨고 싶어진다. 눈의 상징에서 보았던 (실제가 아닌 것 같은) 환상(다른 사람을 용이라고 하는 것)이 거짓이라고 일러주는 것이 중요하다(88쪽 각주 참조). 환자들은 위협적인 눈을 지나 슬픔과 애환에 젖고 눈물을 흘린 다음에야 비로소 자유, 해방을 느낄 수 있다. 삼각형 안에 있는 눈은 야훼*를 상징한다.

10. '완전히 어두운' 곳, '주변이 잿빛'인 곳은 점점 '공포'로 물들어간다(살을 에는 추위, 살을 태울 것 같은 열기, 끝없는 축축함). 가끔 균열이 생긴다. 암흑이 갈라진다. 그리고 깨지고, 이동하고 증발한다.

11. 저주가 납처럼 무겁고, 악마는 검붉은 형체로 등장한다. 암흑의 기운이 정신적인 힘겨루기에서 우위를 점

---

* (옮긴이주) 야훼(히브리어: יהוה, 독일어: Jahwe, 영어: Yahwe)는 고대 이스라엘 사람들에게 계시되었다고 전해 내려오는 하느님 이름이다. 히브리어 자음으로만 전승되어 정확한 발음은 알 수가 없고 단지 야훼라고 추정될 뿐이다.

한다(빛과 암흑의 대결). 일시적인 자연 현상은 아닐 것이다. 인간은 파멸하고 말지만 이내 극복한다. 또 반복되겠지만 이전만큼 괴롭지는 않을 것이다.

이 단계에서 환자를 이끌어줄 안내자가 필요하다. 이 안내자는 환자가 음침한 세계와 접할 때 안정을 되찾게 할 지식을 잘 전달할 수 있는 사람이다. 그렇다고 해서 안내자의 역할이 마술이나 엑소시즘과 관련되었다고 말하는 것은 아니다. 다만 나의 경험으로 볼 때 천사를 부르고 환자의 이마에 성호를 긋고 환자 주위를 돌면서 기원하는 상징적인 행위가 종종 환자들에게 큰 도움이 되었다. 다소 희망적인 점은 (내면에서는 아이와 같은) 그들이 상징적인 언어를 직관적으로 이해한다는 사실이다. 종종 어떤 환자는 갑자기 영어로 "천사가 가까이 있다"라고 말한다. 이러한 환자들에게 나 역시 경험에서 얻은 상징적인 언어를 동원해 말한다. "당신은 지금 건널 수 있는 다리가 필요합니다." "이 목구멍은 모든 것을 먹어치우는 용의 입과 같아요. 하지만 당신에게는 아무런 해도 입히지 않을 거예요. 안심하세요. 문이 곧 열릴 겁니다." 그러면 환자들에게 큰 도움이 되곤 했다. 이와 더불어 나는 동화나 신화에서 등장하는 것처럼 선한 힘이 더 깊은 차원을 떠받치고 있고, 빛과 믿음이 더 강하다는 막연한 확신을 갖고 있다(부록 〈그림 3〉 참조). 하지만 나는 자아가 이런 승리를 거두는 것이 아니라 자아가 자신을 포기하는 곳에서 승리가 일어난다는 것, 변화가 발생한다는 것을 잘 알고 있다. 그래서 경계를 통과하는 순간에 일어나는 변화에 동요하지 말고 두려워하지 말라는 위로가 환자들에게 필요하다.

경계 통과 이후

경계를 통과하고 나면 대부분의 환자들은 고요해진다. 분위기가 바뀐다. 환자들이 경계 통과 이후 단계를 상징적으로 경험할 때 나타났던 협곡의 상징이 어떻게 사라지고, 그때 환자들의 감정이 어떻게 드러나고, 그들이 어떻게 그렇게 척척 대답하는지를 보고 무척이나 놀랐다. 이 결과는 기발한 상징으로 나타난다. 이 상징들은 앞의 단계들에서 나타난 것과 궤를 같이한다.

1. 바다가 '놀랄 만한 물의 세계'로, 빛과 색의 세계로 변

했다. 이는 마치 천지개벽과도 같은 사건이다. 숲은 '온실', '대지'로, 황무지나 폐허는 고향과 신세계로 바뀌었다. 그곳에는 초록 빛깔의 초원과 꽃동산이 있고 하늘에는 구름이 떠다닌다.

2. 통로와 터널은 뒤에 남아 있다. 주변에는 빛, 자유로운 공간, 신선한 대기가 있다. 색깔도 변했다. 회색에서 은색으로, 낡은 합판 색에서 반짝이는 메탈 색으로 바뀌었다. 산에서는 기도회가 열린다.

3. 도하渡河는 끝났다. 비행기가 착륙한다. 그렇게 애타게 찾았던 것들을 발견한다. 고향으로 돌아간다. 또는 새 집으로, 영원의 도시로 옮겨 간다. 새로운 행성과 정원을 발견한다.

4. 새가 날아가버렸다. 아무 데도 없다. 아마도 어디엔가 내려앉았을 것 같다. 자유로운 새처럼 우리 역시 자유를 느낀다. 불사조는 날아오르고 그 자리에 재만 남았다.

5. 영혼이 청소된 자리에 지금은 삶에 대한 평가가 이루어지고, 왕의 즉위식이 거행된다. 장신구도 놓여 있다. 가장 부드러운 아마포로 지은 옷을 입고, 거룩한 금관, 금장식, 금반지를 착용한다.

6. 예복, 작은 옷(동화 〈동전이 된 별〉*)이 하늘에서 선물로 주어지거나 더 이상 중요하지 않다. 이제 물질이 아닌 선율과 노래만 있을 뿐이다.

7. 목구멍으로 삼켜버리려는 입이 산통을 참아내는 어머니의 자궁이나 안전을 보장해주는 모성애로 변해 있다. 그 안에서 건강하게 보호받는 존재로 변했다. '거대한 품처럼 보이는 앞치마'(유대인에게 자비는 모태母胎와 연관되어 있다**)처럼 말이다. 거대한 모자 또는 수많은 모자들의 상징은 모자 안에서 보호를 받고 있다는 의미이다.

8. 새로운 관계망, 가령 거미집, 만다라***, 소통이 원활

---

* (옮긴이주) 옛날에 부모를 잃은 가난한 어린 소녀가 있었다. 하느님이 자신을 지켜줄 거라는 믿음과 착한 마음씨를 지닌 소녀는 걸친 옷과 누군가에게 받은 작은 빵만을 갖고 시골길을 나섰다. 도중에 구걸하는 사람들에게 자신이 지닌 것을 모두 나눠준 소녀는 알몸으로 별이 반짝이는 밤하늘을 바라보고 있었다. 반짝이던 별들은 갑자기 떨어져 모두 동전으로 변했다. 소녀는 방금 전 낡은 속옷까지 내어주었지만 이제 세상에서 가장 좋은 옷을 가질 수 있게 되었고 평생 부자로 살았다.
** rächäm(레헴, 히브리어 רַחַם에서 유래-옮긴이주)의 원래 의미는 모태이고, 복수형인 rachamim(라하밈)은 자비, 동정, 동감이라는 뜻을 갖고 있다. 이것은 언어학적으로 독일어의 신체 기관 단어와도 연관되어 있다. 신체 기관에 관한 단어는 느낌이나 감정을 나타내는 다른 낱말로도 쓰인다[예: 심장-진심(으로), 담즙-맛이 쓰다, 입-구술].

한 관계망이나 빛을 발산하는 망이 형성된다. 인간의 손으로 만들어진 연결망이 아닌 거룩한 기운이 만든 망이다. 빛, 노란색, 은빛, 정신*의 형태를 띤다. 난관에서 벗어날 수 있는 다리는 이제 더 이상 중요하지 않다. 평화를 상징하는 무지개 색깔은 하나로 합해진다.

9. 눈은 전혀 다른 존재의 본질이고 '나를 사랑한다'. 결속, 연대의 감정. 무지개는 결속을 상징한다.

10. 빛, 노란색이나 금 안에서의 용해. 자주 보이는 색깔은 파랑, 하늘색, 자주색이다. 단지 형태가 없다.

11. 균열이 극복된다. 저주는 멀리 도망가고, 악마 같은 것은 죽거나 사라진다. 천사들이 그곳에서 암흑을 이기고 노래를 부른다.

●●● (옮긴이주) 산스크리트어에서 원圓을 뜻하는 만달라를 음역한 것으로, '본질을 얻다', '최고의 깨달음을 얻다' 또는 그 '경지'라는 뜻이다. 이를 힌두교와 불교에서는 상징적인 도형으로 표현한다. 또한 부족한 것도 없고 과한 것도 없다고 하여 '원륜구족', '윤원구족'이라고도 한다.

● 요한묵시록 21장 23~25절: 그 도성은 해도 달도 비출 필요가 없습니다. 하느님의 영광이 그곳에 빛이 되어주시고 어린양이 그곳의 등불이 되어주시기 때문입니다. 민족들이 그 도성의 빛을 받아 걸어 다니고, 땅의 임금들이 자기들의 보화를 그 도성으로 가져갈 것입니다. 거기에는 밤이 없으므로 종일토록 성문이 닫히지 않습니다.

12. 전체적으로 그리움이 생긴다. 즉 결혼, 음식, 광채, 천국의 음악을 그리워한다. 짐을 지게 되고, 만족한다. 여기에 충만, 평화, 연결된 존재가 있다.

6장

무엇이 죽음을
가로막고 인도하는가

이제 자기중심적인 자아에서 완전히 다른 존재와 연결된 존재로의 전이가 확연하게 드러나는 다섯 가지 차원에 대해 설명하고자 한다. 전이의 다섯 가지 차원이란 바로 불안, 대결, 운명의 거부와 수용, 가족의 화해 과정 그리고 성숙이다(부록 〈그림 1〉 참조). 이 모든 차원들에서 변혁이 일어난다. 여기서 늘 제기되는 질문이 있다. 이 다섯 가지 차원 안에서 임종 과정의 짐을 덜어주는 것은 무엇이고, 임종 과정을 방해하는 것은 무엇일까?

불안

경계 통과의 장애물인 원초적 불안에 대해는 이미 3장에서 설명했다. 불안은 통과의례이자 반드시 짊어져야 하는 짐이다. 여기서 인간이 할 수 있는 일이라곤 포기뿐이다. 원초적 불안 또는 경계 불안은 신체적 현상으로 어느 정도 우리 안에 각인되어 나타나지만, 때로는 상징적인 형태로 더 많이 나타난다. 또한 주변의 자극에 매우 민감하게 반응하는 식으로 표출된다. 따라서 이 불안에 떨고 있는 환자들에게 영적인 지식과 더불어 의학, 간호학, 상담학의 전문 지식을 갖춘 임종 준비가 지원되어야 한다. 하지만 대부분의 사람들—건강한 사람뿐만 아니라 환자들 역시—은 이 경계에 특화된 감정으로서의 불안에 대해 잘 모르고 있다. 죽음이 가까워져도 이 불안에 대해 이야기해주는 사람도 없고, 심지어 좋은 죽음에 대한 공개 토론에서도 다뤄지지 않는다. 이에 반해 다른 불안들, 즉 치명적인 질병, 보기 흉한 외모, 실신과 고통, 존중받지 못한 현존재에서 비롯한 다른 불안들은 많이 논의되고 있다.

우리의 연구 프로젝트 〈죽음 전이〉는 불안을 전이가 발생하는 본질적 차원에서 인식한다. 다시 말해 (점진적으로 변해가다가 종국에는 사라지는) 변혁의 불안을 느끼면서 자아 중심적 지각이 완전히 다른 지각으로 명확하게 전환된다. 우리의 프로젝트는 선행 연구에서는 80명을, 본 연구에서는 600명을 대상으로 실시했다. 그 결과 다양한 불안 형태들

간에 차이가 있음을 밝혀냈다. 각각 14%(선행 연구)/10%(본 연구)의 환자들은 죽음의 불확실성에 대한 불안을 호소했 거나 그에 관해 우리가 알아볼 수 있는 시그널을 보냈다(앞 서 언급한 것처럼 죽어가는 사람은 말뿐만 아니라 작은 움직임으 로 의사 표시를 한다). 그보다 더 많은 환자들(35/50%)은 실신 과 고통의 불안을 표현했다. 그렇다고 해서 그 나머지 환자 들에게는 불안이 나타나지 않았다는 것은 아니다. 단지 우 리가 알아보지 못했을 뿐이다. 왜냐하면 나머지 환자들이 우리가 알아보게끔 분명한 표현을 하지 못했기 때문이다. 38/44%의 환자들은 경계를 통과할 때 예상하지 못한 갑작 스러운 불안에 압도되었다고 표현했다. 그 가운데 많은 환 자들은 그전까지만 해도 죽음에 대한 불안을 느껴본 적이 없다고 말했다. 이 통계 결과는 우리에게 인간은 죽음의 불 안을 미리 감지할 수 없다는 점을 이야기해준다. 그리고 오 늘날 터부시되는 것은 더 이상 죽음이 아닌, 죽음의 고통이 다. 사람들은 고통과 함께 환자의 외모가 심하게 일그러진 다는 사실에 두려워하고 공포를 느낀다. 이 공포에 불안해 하지 않는 사람이 어디 있겠는가?

이런 불안에 맞서기 위해 전문적인 고통완화 의학과 간

호, 고통을 완화시키는 훌륭한 의료 체계, 호스피스 병동과 간병, 환자를 존중하는 인간적인 분위기, 정보가 필요하다. 물론 모든 불안에 맞서는 일은 각자의 몫으로 환자 스스로 해야 한다. 여기에 제시된 인지 전환에 대한 지식이 죽음의 고통에 대한 불안을 덜어내는 데 보탬이 되기를 바란다.

중년 남자인 토니 타너는 새 입원 시설로 옮길 때마다 트라우마가 생긴 과거로 되돌아간다. 몸을 떨고, 구토하고, 호흡곤란을 겪고, 몹시 불안해한다. 마치 자신의 아버지가 침대에 누워 임종을 기다리는 장면을 곁에서 보면서 두려워하던 때처럼 고통스럽다고 한다. 그 이후 타너는 자신의 몰골이 흉측하게 변해갔고 심지어 고통으로 인해 눈까지 심하게 일그러졌다고 한다. 또한 그는 아무 말도 하지 않은 채 눈을 감고서 늘상 침상에 누워 있었고 몸은 점점 쇠약해져갔다고 한다. 하지만 언제나 그랬듯이 다시 살아남았다고 한다. 그는 그런 고통을 반복해서 느끼고 싶지 않다고 한다. 내가 두 종류의 현존 방식(자아를 벗어난 경험으로서 통과 순간, 통과 이후)에 대해 설명하는 동안 그는 마치 홀린 사람처럼 귀담아듣고서 덧붙인다. "선생님 말씀인즉 돌아가신 아버지는 우리가 생각하는 것보다 고통을 덜 받으셨다는 거군요."

그는 이에 대해 깊이 생각하는 듯 보인다. 결국 이곳에 오기 전부터 그를 괴롭혔던 트라우마는 사라졌다.

　나이가 많은 린다 뤼트홀프 부인은 일찍부터 암이 몸 전체로 퍼질 거라는 불안 증세를 보이다가 피해망상증으로까지 악화되어 결국 심리 치료를 받았다. 그런데 실제로 암이 온몸에 전이되어 죽음이 그녀에게 천천히 다가서고 있었다. 죽음이 얼마나 가까이 와 있는지 몰랐지만 부인은 자신의 죽음을 직감하고 있었다. 임종 자리에서 놀라운 순간이 수차례 있었다. 부인의 눈은 먼 곳을 응시하고 있었고 얼굴은 공포에 질려 있었으며, 암이 전이된 다리는 가만히 있지 못했다. 부인은 계속해서 고통을 호소했다. 그런데 이 모든 것이 순식간에 사라지는 놀라운 일이 벌어졌다. 남편이 부인 곁을 지킬 때, 내가 하프를 연주할 때, 우리가 그녀에게 검은 성모 마리아 상*이나 수호천사를 상기시켜주었을 때 그녀를 괴롭히던 모든 것들이 일시에 사라졌다. 평화가 찾아왔다. 부인은 가끔 눈물을 흘렸다. 종종 나를 보면서 미소를 지

---

* （옮긴이주) 스위스 슈비츠 주써 아인지델른Einsiedeln에 있는 베네딕트 수도원 은혜 성당에는 수세기에 걸쳐 양초에 그을려 검게 변한 성모 마리아 상이 있다. 매년 15만~20만 명의 사람들이 검은 성모 마리아 상을 보기 위해 이 성당을 찾는다.

었고 내 이름도 불러주었다. 대부분의 시간에 부인은 아주 먼 곳으로 가 있는 것처럼 보였고 그때 그녀의 갈색 눈동자는 무엇에 놀란 듯 커졌다. 갈수록 부인은 고요함을 사랑했고 한밤중에 조용히 홀로 눈을 감았다. 추측건대 부인은 모든 불안을 넘어섰을 것이다.

우리 안에는 이와 같은 여러 불안을 안고 있는 어린아이가 있다. 이 아이에게는 더 큰 존재가 있음을, 즉 항상 우리와 함께 있는 존재, 음악이나 상징, 의식儀式을 통해 신적인 능력을 발휘하여 우리를 보호하는 포괄적 존재가 우리 자신을 지켜주고 있음을 상기하게 해주는 것만으로 충분하다.

대결

임종의 순간이 가까워지면 죽음과의 대결은 불가피하다. 그리고 이 대결에 관해 다루어야 할 주제들은 서로 비슷하면서도 다르다. 불안은 겉에서 보면 별것 없는 듯하지만 그 안을 들여다보면 수많은 것들이 담겨 있으며 그 내용도 제각각이다. 죽어가는 사람들은 생을 포기할 수 없고 포기하고 싶은 마음도 없을뿐더러 자기 존재 상실과 맞서 싸우고 있다. 여기서 의지력, 거부, 삶의 요구가 힘을 발휘한다.[46] 그런데 문제를 해결하려는 사람들만 이 대결에 뛰어드는 것은 아니다. 비록 머지않아 죽을 목숨이지만 이해할 수 없는 존재와 변화에 관심을 갖고, 선과 악의 대립을 이해하려 하고, 더 큰 힘들의 갈등을 관찰하려는 사람들이 대결에 뛰어들었고 지금도 뛰어들고 있다. 이들은 마땅히 훈장을 받을 만한 자격을 갖춘 사람들이다. 그들 각각의 강한 의지력 덕분에 비밀로 가득 찬 특별한 것들이 공개된다. 말하자면 존재의 더 깊은 차원에 대한 비밀이 서서히 밝혀진다.[47] 그리고 죽음과의 대결은 이스라엘 백성에게 죽음의 소식을 전해야만 하는 예언자 이사야의 소명과도 비교할 수 있다.* 이 대

---

* 이사야 6장 1~13절: 우찌야 임금이 죽던 해에, 나는 높이 솟아오른 어좌에 앉아 계시는 주님을 뵈었는데, 그분의 옷자락이 성전을 가득 채우고 있었다. 그분 위로는 사랍('불타는 자'의 뜻을 지닌 천사―옮긴이)들이 있는데, 저마다 날개를 여섯씩 가지고서, 둘로는 얼굴을 가리고 둘로는 발을 가리고 둘로는 날아다녔다. 그리고 그들은 서로 주고받으며 외쳤다. "거룩하시다, 거룩하시다, 거룩하시다, 만군의 주님! 온 땅에 그분의 영광이 가득하다." 그 외치는 소리에 문지방 바닥이 뒤흔들리고 성전은 연기로 가득 찼다. 나는 말하였다. "큰일 났구나. 나는 이제 망했다. 나는 입술이 더러운 사람이다. 입술이 더러운 백성 가운데 살면서 임금이신 만군의 주님을 내 눈으로 뵙다니!" 그러자 사랍들 가운데 하나가 제단에서 타는 숯

결 현상에서 언제나 정신적 대상이 등장하는데, 이전의 것과 짝을 이루는 '영적인' 것이 등장하기도 한다(검은색 케이블과 흰색 케이블 비유, 5장 참조).

위기와 구원을 이해하려면 구약성서의 다니엘서 또는 요한묵시록에서 보이는 신비로운 이미지들을 알아야 한다. 여기에 나타난 환상들이 위기와 구원을 상징하기 때문이다. 요한묵시록은 위안을 주는 성서로, 충격적인 일들을 나열한 뒤에는 경계 통과 이후의 승리를 말한다. 그런데 묵시록에 나타난 승리는 인간사에서 흔히 볼 수 있는 승리가 아니다.

을 부집게로 집어 손에 들고 나에게 날아와, 그것을 내 입에 대고 말하였다. "자, 이것이 너의 입술에 닿았으니 너의 죄는 없어지고 너의 죄악은 사라졌다." 그때에 나는 이렇게 말씀하시는 주님의 소리를 들었다. "내가 누구를 보낼까? 누가 우리를 위하여 가리오?" "제가 있지 않습니까? 저를 보내십시오" 하고 내가 아뢰었더니 그분께서 말씀하셨다. "너는 가서 저 백성에게 말하여라. '너희는 듣고 또 들어라. 그러나 깨닫지는 마라. 너희는 보고 또 보아라. 그러나 깨치지는 마라.' 너는 저 백성의 마음을 무디게 하고 그 귀를 어둡게 하며 그 눈을 들어붙게 하여라. 그들이 눈으로 보고 귀로 듣고 마음으로 깨닫고서는 돌아와 치유되는 일이 없게 하여라." 그래서 내가 아뢰었다. "주님, 언제까지입니까?" 그분께서 말씀하셨다. "성읍들이 주민 없이 황폐하게 되고 집집마다 사람이 없으며 경작지도 황무지로 황폐해질 때까지다. 주님이 사람들을 멀리 쫓아내 이 땅에는 황량함이 그득하리라. 아직 그곳에 십분의 일이 남아 있다 하여도 그들마저 다시 뜯어 먹히리라. 향엽나무와 참나무가 잘릴 때 거기에 남는 그루터기와 같으리라. 그 그루터기는 거룩한 씨앗이다."

즉 힘의 우위를 과시하는 승리도 아니고 자아 스스로 거둔 승리도 아닐뿐더러 무기나 군대를 동원해서 얻은 승리도 아니다. 묵시록의 승리는 환자들이 경계 통과를 시작할 때부터 때를 기다리고 있다. 즉 승리는 생의 모든 것을 내려놓을 때 그리고 내려놓고 나서 발생한다. 종교적 측면에서 살펴보면 이때 등장하는 천사는 요람 곁에 서 있는 수호천사가 아니라 악과 대결하는 대천사 미카엘(위대한 천사장으로 이스라엘 민족의 아들들을 보호한다*)이다. 요한묵시록의 비밀에 따르면 "왕 중의 왕, 주의 주"**가 최종 승리를 거둔다. 이때도 천사의 무리가 함께한다.

다양한 세계관을 지닌 임종 환자들은 이 승리를 매우 다양하게 묘사한다. 그들이 설명하는 승리는 암흑을 이기는 빛, 심판을 통과해야만 들어갈 수 있는 낙원, 어두운 힘을 이기는 천사이다. 종교와 별 상관이 없던 젊은 남자는 정신이

---

* 다니엘서 12장 1절: 그때에 네 백성의 보호자 / 미카엘 대제후 천사가 나서리라. / 또한 나라가 생긴 이래 / 일찍이 없었던 재앙의 때가 오리라. / 그때에 네 백성은, / 책에 쓰인 이들은 모두 구원을 받으리라.
** 요한묵시록 19장 16절: 그분의 옷과 넓적다리에는, '임금들의 임금, 주님들의 주님'이라는 이름이 적혀 있었습니다.

혼미해진 지 몇 시간 뒤에 마침내 빛을 보았다. 달빛에 비해 훨씬 더 찬란했다는 그 빛은, 비록 낮의 햇빛 정도로 밝은 것은 아니었지만, 영원의 빛이었다고 한다. 그러면 그가 내적으로 어두운 부분을 통과했다고 볼 수 있을까(부록 〈그림 3〉 참조)? 나이 든 어떤 부인은 몸을 떨면서 "천사의 품속에" 있었는데도 그 의미를 전혀 이해하지 못했다. 즉 부인은 자신이 처한 위기보다 더 위대하고 더 큰 영향력을 가진 천사가 자신을 품고 있음을, 그녀의 내면에서 벌어지는 대결에서 승리를 거두기 위해 천사가 등장했음을 이해하지 못했다. 이것은 다음과 같은 대결의 성격을 규정한다. 내면의 대결에서 승리를 거두는 것은 자아가 아니다. 자아가 마지막 순간을 향해 나아가면서 자기 자신을 포기할 때 승리의 순간이 다가온다. 결국 자아는 승리에 편승할 뿐이다. 이것은 인간이 자신의 본질에서, 가장 깊은 내면에서 창조주, 창조, 피조물 전체와 연결되어 있음을 다시금 경험한다는 것을 보여준다. 물론 인간은 이러한 경험을 예상치 못한 방식으로 표현한다. 예를 들어 불치병 환자들은 이렇게 말할 수 있다. "내가 왜 불치병에 걸렸는지 모르는 편이 더 나아." "아마도 심오한 의미가 있을 거야." 젊은 무슬림 남자는 전쟁에 휘말려 총에 맞은 뒤 이렇게 말했다. "드디어…… 천국에 들어가는구나." 죽어가는 어떤 여자는 가까스로 마지막 말들("대결", "밤", "나는")을 꺼내놓았다. 한 단어를 말할 때마다 하루씩 걸렸다고 하는 이 마지막 말들은 그녀에게는 민감했던 것들이고 거의 기도 제목이었을 것이다. 이 말을 할 때마다 견디기 힘들었을 테지만 그녀는 성장했다. 그녀의 성장은 일반적인 의식 속에서는 진일보한 것이고, 위로보다 더 큰 것이었다. 이 두 사람은 나한테 큰 감명을 받았다. 프로젝트 연구에서 우리는 각 30%(선행 연구와 본 연구)의 실험 대상자들에게서 대결 현상을 관찰했다. 그 가운데 어떤 대상자들은 대결 현상에 대해 자세히 설명한 반면에, 다른 대상자들은 대결의 결판이 나기까지 굉장히 소란스럽게 싸운 다음에야 비로소 잠잠해졌다.

임종의 목전에 대결이 존재한다는 것은 전통적인 신학 이론일 뿐만 아니라 임종을 앞둔 사람들의 실재적인 경험이다. 죽어가는 사람들은 묵시적 대결이 종교인이나 자신의 잘못을 뉘우치는 사람들만의 몫이 아니라 일반적으로 모두가 경험하는 실재적 사건이라고 나에게 가르쳐준다. 상징적인 표상이나 구체적인 낱말들이 항시 개인적으로 그리고 문화·종교적으로 특화된 것이라고 할지라도, 또 설령 신앙, 종교가 없더라도 이 현상들(대결, 존재의 궁극적인 정신 차원에 대한 비밀 누설)은 모든 인간에게 발생한다.[48]

많은 환자들이 죽음과의 대결에서 불안을 서슴없이 이야기하지만 불안과 대결을 서로 잘 구분하지 못한다. 이 구분이 어려운 일일까? 그들은 죽음과 대결할 때 소리를 지르고 몸을 심하게 떤다. 고통이 재발하면 몸을 가만히 두지 못하고, 이리저리 구르기도 한다. 불안과 대결은 현상학적으로 서로 가깝게 붙어 있기는 하지만 다른 두 종류의 현상이다. 불안은 감정이다. 불안은 우리 안에 있는 어린아이 같은 것이다. 불안은 처음부터, 자아가 형성되기 시작할 때부터 존재한다. 대결 현상에서는—불안을 넘어—자아와 자아의 행동, 결단, 가끔은 긍정과 함께 그 이상의 주제들이 다루어진다. 대결과 순수 불안(감정적 차원)은 잘 파악되지 않는 정신적 차원에서 구분된다. 여기서 결단은 '정신으로부터의 분리'와 이를 인정하려는 의지와 연관된다. 죽어가는 사람들은 이와 같은 현상이 실재한다는 사실을 내게 가르쳐준다. 환자들, 가족들, 그리고 전문가들이 선호하는 개념인 불안은 죽음과의 긴장 관계와 의사 결정을 표현하기에는 매우 단순한 개념이다. 불안 개념은 사회에서 통용되기 때문에 자주 쓰일 뿐이다. 다시 말해 사람은 '누구나 불안을 갖고 있다'고 자신을 합리화하기 때문에 불안 개념을 흔하게 사용할 뿐이다. 하지만 죽음과의 대결은 순수 감정인 불안을 느끼는 그 이상으로 소름 돋는 사건이다.

죽음과의 대결에서는 공포에 사로잡히는 현상을 다루어야 하는데, 여기서 질문이 제기된다. 인간, 자아가 엄청난 힘 앞에 서면 정말로 공포를 느낄까? 또한 힘의 본질인 일자, 즉 포괄적 존재와 맞닥뜨리면 어쩔 수 없이 공포감에 벌벌 떨 수밖에 없을까? 만약 그렇다면 여기서 힘이란 무엇일까? 이런 힘을 뭐라고 부를 수 있을까? 묵시록에서는 어둠의 힘 그리고 빛의 힘이 언급된다. 그런 힘이 무엇 때문에 존재하는지 아는 사람은 아무도 없다. 또한 그 힘이 선한지 악한지, 신의 힘인지 운명의 힘인지 알 수가 없다. '하나의 힘/여러 힘'이란 개념을 설명하기 전에 작은 자아를 지닌 인간이 이해할 수 없는 힘 앞에서는 아무것도 아니고, 피조물에 불과하고, 심지어 무기력한 존재임을 먼저 말해야 할 것 같다.

죽음이 다가와서야, 즉 작은 자아의 화려함, 능력, 명예가 퇴색되고 나서야 비로소 인간의 한계가 드러난다. 이런 굴욕,

말하자면 인간을 벌벌 떨게 만드는 공포가 실제로 있다는 것이 정말 사실일까? 자아가 절망적인 마음이 들면서도 동시에 대단한 존경심을 갖고서 더 크고, 더 위대한 자비로운 존재 앞에서 제물이 된다는 사실을 받아들일 수 있을까? 자아 자신이 이해하지도 못하고, 이해할 필요도 없다는 것을 수용할 수 있을까? 자아는 더 큰 차원에서 존재하는 힘(들) 앞에서 한 마디도 못하고 침묵할 수 있을까? 그런데 내면의 아이와 아이의 불안이 드러나는 곳에서뿐만 아니라 인간이 순수 감정, 잔혹한 현실, 잦은 분노, 빛과 어둠의 대립, 악의 비유를 넘어서는 곳에서도 인간은 대결과 마주하게 된다.

　이런 곳에서 영적인 차원을 두루 살피고 의료 조치보다 더 많은 것들을 거론하는 것이 임종 준비에서는 중요한 일이다. "천사가 올 때까지 당신은 계속해서 대결하고 있어야 합니다." "그렇게 서 있지만 말고 계속해서 앞으로 나아가세요." 누군가 주저하고 있다면 나는 다음과 같이 이야기해 주었을 것이다. "당신이 제자리에 머물러 있겠다고 결정하신다면 저로서는 어쩔 수 없습니다. 하지만 안타깝게도 당신의 결정은 패배를 인정하는 것입니다. 죽어가는 사람들을 많이 겪어본 제가 한 말씀 드릴게요. 그분들이 제자리에 머물지 않고 자신을 포기하고 삶의 미련을 버릴 때, 비로소 '문'이 열립니다." 나는 그와 같은 사람들을 자주 격려하고 위로한다. "당신은 이 자리에서 더 높이 뛰어오를 수 있습니다. 발판에서 도약하여 미지의 세계로, 어둠 속으로 들어갈 수 있습니다. 그러고 나서야 비로소 밝은 세계가 나타난다는 것을 경험으로부터 배웠습니다."

죽어가는 한 남자는 분명히 내 말을 들었다. "당신에게 가장 중요했던 것들은 앞으로도 계속 남아 있을 거예요. 당신이 지금 서 있는 이 자리에서 모든 것을 포기한다고 해도 말입니다." "아…… 아." 그는 신음소리 같은 말을 내뱉고 며칠간 더 기운을 소비하고서 항복하고 말았다. 그는 점점 더 피곤해졌고 마침내 평온하게 숨을 거두었다.

수 시간 대결을 벌이는 동안 사람들은 종종 나의 말에 격렬하게 도전하기도 한다. 그러면 나는 힘주어 말한다. "당신은 기만당할 수도 있습니다. 하지만 승리할 수도 있습니다. 천사가 나타나서 말입니다." 또한 그들의 발이 침대 모서리에 부딪혀도 나는 전혀 개의치 않고 말한다. "그냥 부딪혀보세요. 도약하세요. 담대하게 해보세요……. 그럼 모든 것이 잘될 것입니다." 이 모든 경우에 정신적인 임종 준비와 영성이 다시금 심리치료법(구두법, 예식, 단호한 태도와 신이 가까이 다가오고 있음을 일러주는 것)으로서 일련의 가능성을 보여준다.

마흔 살의 불가지론자 페터만 부인은 죽고 싶지 않았다. 남편과 딸들을 두고 눈을 감을 수 없을 뿐만 아니라 삶의 의욕과 미련을 포기하고 싶지 않았다. 그녀는 탐욕스럽게 모든 것을 붙들고 있었다. 의사의 처방에 따라 물을 마실 수 없었던 그녀는 상관없다는 식으로 마치 물을 마시려는 것처럼 무엇이나 핥아댔다. 그러면서 불안이 날로 커지고 있다고 그녀의 간병인이 말했다. "날 이해하는 사람이 아무도 없단 말이야?" 그녀는 아무도 없는 방에 대고 소리쳤다. 며칠 뒤에 페터만 부인은 마치 '저승사자'처럼 보였다. 비록 제정신이 아니었지만 말을 할 수는 있었다. 그녀는 지금 죽어가고 있다고, 저승으로 향하는 문이 저기에 있다고, 그 문의 색깔이 "노란색"이라고 중얼거렸다. 하지만 몇 분 뒤에는 다시 자아와 자아의 욕망에게 주도권을 넘겨주었다. 경련을 일으켰다. 그녀는 죽고 싶지 않다. "죽고 싶지 않은데…… 어쩔 수 없이 죽겠지." 그녀는 손을 내밀어 남편의 손을 꼭 부여잡았다. 그녀는 무엇엔가 소스라치게 놀란 것처럼 보였다. "당신은 지금 (내면에서) 추락하고 있나요?" 내가 물었다. "맞아요!" 그녀가 인정했다. 나는 그녀에게 동화 〈홀레 할머니〉를 들려주었고 밑으로 추락해도 무서워하지 말라고 위로했다. 또한 우물 속으로 무섭게 추락할 수도 있다고 설명했다. 심장이 벌렁거리는 두려움이 온몸에 금이 달라붙은 마리로 변해서 다시 땅 위로 튀어 오를 것이라고 말했다. 그녀는 수많은 꽃들이 피어 있는 풀밭을 발견할 것이고, 오븐에서 꺼내달라고 소리를 지르는 빵들과 잘 익은 사과가 달린 나무도 보게 될 것이라고 말해주었다. 조금만 더 가다 보면 자상한 홀레 할머니가 살고 계실 거라고 일러주었다. 할머니의 오두막집에서는 모든 불안이 사라지고, 그녀의 영혼이 요구한 것을 '갖게' 될 것이라고 말했다. 페터만 부인은 가만히 듣고 있다가 환한 표정을 지었다. 그러곤 곧 정신을 잃었다. 몇 분 뒤에 깨어난 그녀가 말했다. "할머니…… 풀밭. 이제 됐어." 여러 번 의식이 돌아왔다가 다시 정신을 잃어버렸다. 그럴 때마다 동화 이야기가 그녀에게 도움이 되었다. 한번은 초원의 풍경이 도움 되었고("푸…른… 색……"), 그다음에는 배불리 먹은 모습이, 그다음에는 어머니의 품("엄마", "홀레 할머니")이 도움 되었다. 남편은 곁에 서서 부인이 안도하는 모습을 보면서 놀라워했고 안심했다.

다음 날 페터만 부인이 몹시 불안해한다는 연락을 받았다. 나는 대결이 시작되었음을 직감한다. 그녀는 자신의 몸을 여기저기 내던졌다. "싫어……." 그녀는 죽기 싫다고 계속해서 말했다. 아직 어린 아이들을 생각하면 그녀의 심정을 이해하지 못할 사람이 누가 있겠는가. 그렇기에 더 이상 앞으로 나아가지 못했다. 아이들에 대해 말을 걸어도 아무런 반응을 보이지 않았다. 무슨 말을 해도 소용이 없었다. 나는 좌절하고 말았다. 그리고 그녀에게 대놓고 질문했다. "당신의 분노가 신을 향하고 있나요?" "네……." 그녀는 몸을 이리저리 굴리면서 대답했다. 그러고 나서 눈을 떴다. 페터만 부인은 넋이 나간 듯 나를 쳐다보며 자신이 지금 끔찍하게 보이는지 물었다. "그렇게 보여요." 그리고 나는 그녀의 상태를 확실히 알 때까지 조심스럽게 다른 질문으로 유도했다. 그녀가 모든 것을 빨아들이는 암흑 한가운데 있는지, 어떤 악이 도사리고 있는지 알고 싶었다. 나는 그녀에게 이해할 수 있을지 모르겠지만 모든 사람들이 겪는 일이라고, 그 암흑 안으로 완전히 들어가 자신을 삼켜버리도록 내버려두

라고 말해주었다. 온몸에 금을 붙인 동화 속의 마리도 마찬
가지로 깊고 어두운 우물 속으로 뛰어들었다고 재차 말해주
었다. 또한 갑자기 밝아져서 선한 천사나 선한 힘이 그녀를
보호할 것이라고 계속해서 일러주었다. 그러고는 그녀의 이
해를 돕기 위해 천사를 불렀다(물론 진짜로 불러내려고 했던
것은 아니다). 매우 지적이면서도 호기심이 많았고 불가지론
자였던 그녀에게 천사장 미카엘에 대한 이야기를 들려주었
다. 성서에서 미카엘은 일품 제후의 천사들 가운데 한 명*,
말세의 천사로 등장한다.** 나는 미카엘 대천사가 그녀를 집
어삼키려는 용과 싸워 그녀를 구해내고 승리를 거두기 위해
곧 나타날 것이라고 설명했다.*** 페터만 부인은 가만히 듣

---

* 다니엘서 10장 13절: 그런데 페르시아 나라의 제후 천사가 스무하루 동안 내
앞을 가로막았다. 그래서 일품 제후 천사들 가운데 하나인 미카엘이 나를 도우러
오자, 나는 그를 그곳 페르시아 임금들 곁에 남겨두었다.

** 불가지론자에게 굳이 천사와 종교적 이미지를 설명해야 할까? 아무 도움도
되지 않는 시도보다는 이런 방식을 통해서라도 죽어가는 사람들이 처한 상태가
어떤 것인지를 알 수만 있다면, 비록 불가지론자라고 해도, 종교적인 것을 설명해
야 한다고 생각한다(88쪽 각주 참조). 또한 불가지론자들도 종종 종교적인 것에
흥미를 보인다.

*** 요한묵시록 12장 7~10절: 그때에 하늘에서 전쟁이 벌어졌습니다. 미카엘
과 그의 천사들이 용과 싸운 것입니다. 용과 그의 부하들도 맞서 싸웠지만 당해내
지 못하여, 하늘에는 더 이상 그들을 위한 자리가 없었습니다. 그리하여 그 큰 용,

고 있었다. 마치 그녀의 눈동자가 내면에서 보았던 어떤 형
태의 윤곽을 따라 움직이는 것처럼 보였다. 곧이어 다시 눈
을 감았다. 그러고는 숨을 들이마시고 내쉬었다. 얼마 안 있
어 그녀의 몸은 편안해지고, 근육이 이완되고, 얼굴에 환한
미소가 퍼진다. 단어 하나만이 그녀의 입에서 흘러나온다.
"푸른……." 이 말은 시작되었다는 의미인가? 페터만 부인은
추락하게끔 자신을 내버려두어 동화 〈홀레 할머니〉에 등장
하는 풀밭으로 떨어진 것일까? 아니면 생명의 힘과 신의 푸
른 힘[49]을 발견하여 죽음과 새로운 탄생에 대한 신비로운 비
밀을 말하고 있는 것일까? 이틀 동안 그녀는 편안했다. 그리
고 평온하게 숨을 거두었다.

상류층 여성인 파울라 판호퍼의 에피소드는 이와 비슷하
면서도 다르다. 불치병에 걸려 몸이 깡마른 그녀는 어린 아들
들에 대한 염려 때문에 눈을 감지 못하고 있었다. 처음에 그

그 옛날의 뱀, 악마라고도 하고 사탄이라고도 하는 자, 온 세계를 속이던 그자가
떨어졌습니다. 그가 땅으로 떨어졌습니다. 그의 부하들도 그와 함께 떨어졌습니
다. 그때에 나는 하늘에서 큰 목소리가 이렇게 말하는 것을 들었습니다. "이제 우
리 하느님의 구원과 권능과 나라와 그분께서 세우신 그리스도의 권세가 나타났
다. 우리 형제들을 고발하던 자, 하느님 앞에서 밤낮으로 그들을 고발하던 그자가
내쫓겼다."

녀는 단지 죽고 싶은 마음이 없을 뿐이었다. 하지만 몇 주 뒤 머릿속으로는 이미 죽음을 염두에 두고 있었지만 도저히 죽을 수가 없었다. 매번 새로운 불안과 고통 때문에 힘들어했다. 아이들이 더 이상 자신을 찾아오지 않기를 바랐다. 하지만 이것이 도리어 그녀에게 마음의 상처로 남은 듯 보였다. 왜 그랬을까? 그녀의 상황을 해결해줄 좋은 방안이 있을까? 가족이 그녀를 잘 돌봐주는 것이 좋은 방안이 될 수도 있다. 하지만 다른 한편으로는, 아내의 의식이 반쯤 없고 몸이 경직되고 있다는 남편의 말을 들어보면 무엇을 해도 효과가 없을 것 같았다. 마침내 나는 부인에게 물었다. "판호퍼 부인, 당신의 모성애는 너무나 중요합니다. 그렇기 때문에 당신은 기억해야 합니다. 당신의 죽음이 헛되지 않다는 것을 말입니다. 아이들을 사랑하는 부인의 마음은 시간이 지나도 오래도록 어린 두 아이와 남편의 가슴에 남아 있을 것입니다." 이어 나는 신을 설명했다. "신은 당신의 모성애를 간과하지 않을 거예요. 당신은 아이들을 사랑하는 엄마였고, 당신의 삶은 아이들의 사랑으로 채워져 있기 때문입니다." 그녀의 숨이 가빠지다가 크게 숨을 내쉬고 나서 이내 잠잠해졌다. 이틀 뒤에 그녀는 평온하게 눈을 감고 죽음의 문턱을 넘을 수 있었다.

운명의 거부와 수용

죽음이란 모든 것을 아우르는 긍정에 순응하는 것이다. 이 긍정은 '싫어' '아직 아니야'라고 거부하는 죽어가는 자들의 저항을 다시 한 번 감싸 안거나 (저항을 무시하고) 그대로 감행시키는 기본적인 또는 궁극적인 양식이다. 카를 라너 Karl Rahner*는 익명의 기본결정**50이나 자유에서 가장 멀리

---

* (옮긴이주) 카를 라너(1904~1984)는 예수회 소속의 대표적인 가톨릭 신학자이다. 벨기에 예수회 회원인 조제프 마레샬Joseph Maréchal과 하이데거의 영향을 받았다. 1938년 독일과 오스트리아의 합병과 새로운 교육법으로 예수회 회원 모두가 교수직을 박탈당하고 스위스로 망명한 상황에서 그는 비엔나에서 사목 활동을 이어나갔다. 이때 사회 문제에 관심을 가지며 신자가 세상에서 어떠한 과제를 가져야 하는지 고민했다. 전쟁 이후에 그는 자연과학과 신학의 대화, 마르크스주의와 신학의 관계, 가톨릭 교의신학 등을 연구했고 4천여 편의 시대 문제에 대한 소논문을 발표했다. 또한 교회 일치, 제2차 바티칸공의회, 독일 주교회의에 많은 공헌을 했다. 이 외에도 교회와 마리아에 대한 새로운 이해로 로마 교황청과 충돌했으며, 인공 피임, 사제 독신제와 미사 공동 집전 보편화에 관해서도 자신의 주장을 펼쳤다. 대표 저서로는 종교철학의 기초에 관한 강의록《말씀의 청자Hörer des Wortes》, 하이데거의 실존주의 개념을 수용하여 인간을 세계 내에서 자신을 성취해 나가는 정신적 존재로 설명한《세계 내의 정신Geist in Welt》,《신앙의 기초Grundkurs des Glaubens》등이 있다.

** (옮긴이주) 기본결정Grundentscheidung(혹은 근본선택)은 인간의 본질적인 자세에서의 자유로운 선택을 일컫는 용어로, 이를 통해 인간은 삶의 방향을 결정한다. 이 용어는 처음에 신학자들이 썼고, 이후에 키에르케고르가 철학에 도입하였다. 인간의 자유를 통해 실현되는 이 기본결정 개념은 인간의 인격과 삶뿐만 아

떨어져 있는 기초 행위[51]에 대해 이야기했다. 우리는 이 긍정을 찾아야 하고 발견해야 하고 발견할 수 있다. 궁극적으로 이 긍정은 죽어가는 사람이 죽음을 '부정'하는 행위에서 죽음을 '수용'하게 만드는 은총이다.

자아는 늘 '조금만 더'("한 주 더 살고 싶어. 한 주만 더")와 '아직 아님'("난 아직 준비가 안 되어 있어")을 고집한다(통과 이전 단계). 조금만 더 살면 모든 것이 잘 돌아갈 것 같고, 조금만 더 살면 모든 것이 좋아질 것 같다. 그래서 죽음을 인정하려다가도 죽음과 맞서는 길로 빠져버리곤 한다.[52] '조금만 더'를 고수하려는 자아는 다시 의식과 무의식의 경계로 돌아간다. 자아는 삶의 연장 가능성에, 인생의 동반자와 나눈 즐거운 식사 또는 케이블카에서의 추억 등 자아가 누렸던 유희에 미혹된다. 또 다른 임종 환자들은 자아가 시간 개념을 더 이상 '인식할 수 없을' 때까지 감정에 휘둘리며 소진

니라 인간의 주변 세계, 실존의 초월적 차원으로까지 영역을 넓혀나갔다. 최근에 이 개념은 카를 라너, 한스 라이너스Hans Reiners, 안토니오 넬로 피가Antonio Nello Figa를 중심으로 도덕·윤리 차원에서 논의되고 있다. 이들에 따르면 기본결정은 구체적이고 도덕적인 결정과 행위의 관계 속에서 실현되어야 한다. 즉 긍정적이거나 부정적인 기본결정은 자기와 모순된 구체적인 결정을 통해, 그리고 자기와 일치하는 실존성과 함께 검토되어야 한다는 것이다.

될 때까지 삶에 집착을 보인다. 피곤함이 극에 달해서야 비로소 삶에 대한, 운명과 의미에 대한 질문을 더 이상 하지 않고 생각과 행동을 멈춘다. 이러한 삶의 중지는 인간이 자기 의지대로는 결코 할 수 없음을 인정하는 긍정에 의해 불가사의하게 발견되고 실현된다. 어떤 이들은 더 나아가 호기심을 갖는다. "죽음 이후에는 뭐가 있을까?"

이때 긍정은 강요해서 되는 것이 아니라 그저 그렇게 되는 것이고 무의식적으로 '숨을 쉬는 것'처럼 자연스럽게 나타난다. 퀴블러 로스가 설명한 죽음을 받아들이는 승인 과정은 죽음을 특별하게 다루지 않고, 마치 병을 다스리는 것처럼 진행된다.[53] 이 과정의 참 의미는 우리가 익숙할 정도로 반복했을 때 비로소 경험된다. 만약 어떤 환자가 이미 고통에 대처하는 풍부한 경험을 갖고 있다면, 그가 죽음에 이르렀을 때 그 경험이 죽음을 대비하는 그에게 많은 도움이 될 것이다. 이는 반복을 통해 형성되는 행동 양식과 유사하다. 이런 반복된 경험이 있다면, 비록 어려움이 있다 해도, 우리는 죽음을 긍정할 수 있다. 이 긍정은 돌발적으로, 몸짓으로, 비언어적으로 나타난다. 문제는 반복적으로 나타나야 긍정으로 받아들일 수 있다. 긍정 이후에 삶과 고통은 "본래 있던 곳으로 되돌아간다."54

    고요한 가운데 발생하는 긍정은—말로 표현될 때와는 다르게—특별하지 않지만 포괄적이다. 말하자면 자기 자신과 하나가 된다. 토머Adrian Tomer, 엘리어슨Grafton T. Eliason, 웡Paul T. P. Wong[55]은 자기 초월을 우리 자신을 넘어서는 것이라고 말한다. 하지만 긍정은 근본적인 행위로, 나 자신과 나의 현존재에 대한 긍정이자, 삶, 초라해진 몸과 질병, 나에게 각인된 것, 불안, 어린 시절을 긍정하는 일이다. 또한 나에게 고통을 준 인간, 문화, 사회 제도에 대한 긍정이며, 자기 잘못과 한계에 대한 긍정이다. 마지막으로 창조, 신에 대한 긍정 또는 삶, 죽음과 고통에 대한 긍정이다.[56] 그렇다고 해서 이 실존적인 긍정이 더 이상 변화시키려는 의지나 가능성도 없는 숙명론 혹은 포기를 말하는 것은 아니다. 이 긍정은 살아 있음, 의미 있음과 감사함을 향하여 자유롭게 나아간다. 죌레Dorothee Sölle는 한 강연에서 말했다.[57] "'의지'는 영적인 기본 개념입니다." 이런 목표에 어떻게 해서든지 언젠가 도달해야겠다고 결단을 내린 사람은 내면에서 이미 자신을 변화에 맡기고 있는 것이다.

    죽어가는 사람들에게 이런 변화는 급속도로, 눈에 띄지

않고 조용히 반복되어 일어난다. 그들의 상태, 지각이 변하고, 특별히 주체(자아)로서 또 대상(타자, 환경)으로서 직감하는 것들에 대한 경험들도 바뀐다. 고통, 경련, 그 밖의 여러 신체 증상들이 사라진다.

올해 환갑인 아벨 부인은 불안에 떨고 있다. 그녀가 왜 그러는지 알아보려고 묻는다. "그래서 당신은 죽음을 받아들일 수 있느냐는 질문에 '예'라고 말할 수가 있나요?" 그녀는 거의 놀란 표정으로 바라본다. 내가 그녀를 '만난' 적이 있었던가? 그녀는 앞으로 다가와서 나를 쳐다본다. 나는 정성 들여 그녀의 호감을 사려고 노력한다. 그녀가 나 때문에, 남편 때문에, 어머니나 아버지 때문에, 그리고 신 때문에 굳이 '예'라고 말하지 않아도 된다고 나는 말한다. 하지만 경험에 따르면 '아니오'라고 대답하는 사람보다는 '예'라고 말하는 사람들이 더 낫다고 그녀에게 말해준다. 그녀가 숨을 내쉬면서 "예"라고 대답한다. 하지만 마지못해 그렇게 답한 것은 아닐까? 아벨 부인은 뚫어지게 나를 쳐다본다. 그녀는 마지못해 "예"라고 대답한다. 그녀는 매번 그리고 죽음이 임박할 때까지 제정신이 아님에도 무조건 "예"라고 대답했다.

우리 연구에서 죽음의 긍정과 승인 과정은 69/90%(선행 연구/본 연구)의 환자들에게는 중요한 것으로 나타났다(부록표 참조). 그런데 나머지 환자들에게 이 과정이 배제된 것은 아니지만 눈에 띄는 성과가 없었다. 긍정 과정이 뚜렷하게 드러난 대상자들을 보면 미묘하게 차이가 났다. 첫 번째 그룹은 긍정할 때까지 죽음에 대한 긍정에 저항했다(30/45%). 두 번째 그룹은 가능하면 오랫동안 거부한 것으로 나타났다(장기간 또는 전체 부정, 24/33%). 여기에 속한 환자들은 부차적인 신경성 불안과 잦은 고통을 겪은 것으로 보였다. 단지 15/12%의 환자들만이 성숙한 상태에서 죽음을 맞이했는데, 임종 직전에 긍정의 과정을 거쳤다.

인간은 생전에 이미 포괄적인 긍정을 연습할 수 있다. 죽음에 관한 강좌에서 나는 임종 과정을 미리 대비할 수 있는지에 대한 질문을 자주 받는다. 대비할 수도 있고 못할 수도 있다. 자기 자신과 삶을 주의 깊게 인지하고, 이를 의식하면서 의미 있게 살도록 연습할 수 있다. 우리가 고통 속에, 우리에게 부당한 요구를 하는 자리에 숨겨진 의미를 찾아내어 자신의 것으로 삼도록 노력할 수 있다. 조급해하지 않으면서 신(포괄적 존재)에 대한 질문에 다가갈 수 있고, 벌을 내리는 신이 아니라 나를 사랑하는 신을 받아들일 수 있다. 또한 고독을 견디는 연습을 할 수 있다. 그리고 언제나 이 위대한 긍정에 '적응'하여 나아갈 수 있다. 구약성서의 시편은 이 긍정을 찬미하고 있다. 찬미하고 호흡하는 가운데 기운차게 길을 뚫는 것처럼(행동 양식을 형성하는 것처럼) 죽음의 행위에 도움이 되는 일이 생긴다.

임종을 맞이할 때 신앙은 도움이 되는가? 나의 관찰에 따르면 신앙을 신뢰와 긍정으로 생각하는 환자들은 자신의 신앙에 의지하여 죽음의 순간을 맞이하고 인내한다. 이런 모습은―심지어 죽음의 순간에조차도―자신의 신상神像을 강요하거나 광적으로 집착하는 광신도들과 완전히 구별된다. 광신도들은 우선 집착을 내려놓아야 한다.

그럼에도 불구하고 죽음은 종잡을 수가 없다. 궁극적으로 우리 인간은 죽음을 '소유'할 수도, '만들어'낼 수도, 준비할 수도 없다. 죽음은 개별적으로 일어나고, 인간이 어떻게 할 수 없는 것이다. 나는 17년간 임종 준비를 해왔지만 늘 불안했다. 죽음을 긍정하고 인정하도록 하는 일이 나에게 얼마나 부당한 요구를 해올지를 알면서도 할 수밖에 없었기 때문이다. "두려워하지 말라." 성서 본문에 등장하는 천사가 여러 차례 말한다. 천사는 이승과 저승 두 세계 사이에서 메시지를 전해주는 전령이자 경계에 서 있는 상징적 존재이다. 이 존재가 우리에게 "두려워 말라"고 외치면서 동시에 넌지시 일러준다. 우리가 어떤 영역과 관계되어 있다고, 그 영역에는 우리가 결코 이해할 수 없는 것에 대한 두려움과 공포가 도사리고 있다고 말이다. 다시 말해 우리는 죽음 그리고 죽음에 대한 경험을 우리 마음대로 할 수가 없다는 것이다.

가족과의 화해

죽음은 이별이다. 죽음은 삶의 단절이고 결코 좋은 것이 아니며 최종적이고 일회적이다. 임종 순간이 다가오면 사람은 절박함을 느낀다. 이는 가족 간의 화해 과정에서도 마찬가지이다. 마치 모든 것이 우리 눈에는 보이지 않는 죽음의 문턱을 넘는 과정에 맞춰진 것처럼 말이다. 그래서 한층 더 심한 강요와 압박, 인간관계의 충돌, 뒤끝이 찜찜한 관계 단절과 쉬고픈 욕구가 느닷없이 밀려온다.

인지 전환의 주제는 기묘하게도 임종 환자들의 이중적

인 행동 양식을 잘 설명해준다. 즉 임종의 순간이 가까이 다가오면 많은 사람들이 왜 가장 먼저 작별 인사를 하고, 유언장을 작성하고, 용서를 구하고, 이전에는 거의 없었던 가족 간의 화해를 기대하는지를 말해준다. 그들은 자신을 희생하여(핵심어: 이타주의Altruismus[58]) 모든 것을 깨끗하게 해결한 상태에서 '홀연히' 숨을 거두고 싶어 한다.

반면 의식과 무의식의 경계에 다가갈수록 증폭되는 불안의 위협은 주변 사람들을 왜 그토록 매몰차게 밀어내는지를 설명해준다. "그때는 예전의 그가 아니었어요." 환자 가족들은 고개를 절레절레 흔들고 그런 그의 모습을 본 이후에야 비로소 이 경계에 대한 불안, 원초적 불안이 무엇인지를 이해한다. 더 나아가 인지 전환은 경계 통과 순간에 환자에게 특별한 조치를 해야 하는 이유뿐만 아니라 이때 기능을 제대로 발휘하는 신체 부위가 없는 이유도, 가족이 자기 곁에 오지도 못하게 했으면서도 자기를 제대로 돌보지도 않는다고 환자가 생각하는 이유까지도 설명한다. 또한 인지 전환은 무엇 때문에 가족이 임종 과정의 어느 순간에 다시 뒤로 물러나는지, 무엇 때문에 (경계를 통과한) 환자에게 잘하고 있다고 격려의 말을 하는지를 알게 해준다. 아이가 없는(그리고 어느 순간에 뒤로 물러섰던 남편에게 서운함을 갖고 있었던) 중년의 부인이 염려하면서 물었다. "남편이 저를 사랑하지 않는 건가요?" 하지만 그녀의 질문은 잘못되었다. 그녀는 인지 전환을 알고 나서 남편이 그럴 수밖에 없다는 것을 이해했다. 가족은 함께할 수 있는 시간이 거의 다 되었고, 그 시간을 연장할 수 없다는 것과 그렇게 해서는 안 된다는 것을 잘 알고 있었다. 임종 준비란 임종 환자뿐만 아니라 그들 가족 모두가 함께하는 과정이다. 설령 환자의 임종을 보면서 가족이 아파한다고 해도 가족 모두의 소망은 이미 뒤로 물러나 있다.

가족에 대한 염려 때문에 예외적인 상황이 만들어지기도 한다. 엄마 없이 세상에 아이 혼자 쓸쓸히 남게 될 때, 예전에 잃어버린 아이가 눈에 밟힐 때, 가족 간의 불화가 극에 달했을 때, 숨을 거두는 마지막 순간까지 몸이 매우 고통스러울 때(통합 통증), 죽음과의 대결이 두려울 때, 실망감만 주는 가족이 걱정될 때 등 편안히 눈을 감을 수가 없는 경우가 종종 있다.

프로젝트에서 우리가 분명한 신호를 인지하지 못했던 82/78%(선행 연구/본 연구)의 환자들에게는 가족 간의 화해 과정이 중요한 것으로 나타났다(부록 〈표1〉 참조). 경계 통과 이전 단계에 머물러 있는 51/52% 환자들에게는 가족이 중요한 반면에 죽음이 임박했을 때는 더 이상 중요하지 않았다. 31/26% 환자들은 해결되지 않은 가족 문제에 시달렸다. 이런 문제들이 임종 과정과 전이 과정을 가장 먼저 어렵게 만들었고 그래서 죽어가는 사람들이 자신과 가족을 위해 외부의 도움을 절실히 원했다. 가족 문제가 해결되었을 때는 죽음의 문턱을 넘는 과정(경계 통과 이전에서 통과 순간으로, 그리고 통과 이후로)을 훨씬 더 수월하게 이어갈 수 있었다. 말하자면 문제가 언제 해결되는지에 따라 죽어가는 사람들의 경계 통과 속도가 결정된다.

환갑인 보리스 바더는 끙끙 앓는 소리를 내고 있다. 이틀 전부터 대화가 불가능했으며 입에서는 신음소리가 흘러나왔고 겨우 호흡을 유지하고 있었다. 어떤 약이나 진정제도 그를 안정시킬 수가 없었다. 이때 간병인의 역할이 매우 중요하다. 그는 왜 앓는 소리를 내는 것일까? 바더의 가족은 더 이상의 의학적 조치를 거부하고 나서 나에게 의뢰했다. 가족은 가톨릭 신자들이었고 모든 것이 문제 없이 순조롭게 진행되고 있었다고 비교적 자세하게 설명했다. 바더의 부인은 2년 전에 유명을 달리했다. 나는 임종을 앞둔 그 남자에 대해 아는 바가 없었고 분위기는 무거웠다. 그의 인생에서 무엇이 중요했을까? 그는 과연 어떤 사람이었을까? 예전 여자 친구가 찾아왔는데도 그는 계속해서 앓는 소리를 냈고 호흡은 점점 가빠졌다. 그의 여자 친구가 그에 대해 뭔가 설명해줄 수 있지 않을까? 그녀에 따르면 바더 가족은 말이 거의 없다. "으⋯⋯." 임종을 앞둔 그가 반응했다. 그의 상태를 여실히 보여주는 신음소리였다. 무엇 때문에 그는 입을 다물고 있는 것일까? 가족은 왜 침묵을 지키고 있는 것일까? 바더와 성관계를 맺은 적은 없지만 다정한 커플이었다고 그녀가 말했다. 하지만 자신과의 관계를 알고 나서 바더의 부인은 며칠 동안 말을 하지 않았고 자기 주변에 담을 쌓았다고 한다. 부부는 자신들의 관계뿐만 아니라 삶에서 중요한 일들에 대해서도 한 마디도 서로 의견을 나누지 않았다고 한다. 이 때문에 바더의 몸이 굳은 것일까? 그는 전과 마찬가지로 끙끙대고 있다. 나는 전에 경험한 적이 있는 기묘한 느낌, 그가 우리의 말을 듣고 있다는 느낌을 받았다. 그가 듣고 있나? 우리의 말에 귀를 기울이고 있나? 그가 나를 밀어내고 있는지 알아보기 위해 질문했다. "당신은 정말 큰소리

를 낸 적이 한 번도 없었나요?" "흐으으……." 그의 입에서
신음소리가 크게 나왔다. 입을 다물고 있다가 갑자기 소리
가 터져 나왔다. 바더는 몸이 돌처럼 딱딱하게 굳었지만 그
냥 죽을 수가 없다고 하는 것 같았다. 편안한 상태에서 눈을
감기 위해 다시 힘을 내어 소리를 질렀던 것 같다. 나는 그를
격려하고 2년 전에 죽은 그의 부인이 지금 여기에 와 있으며
그의 외침을 이해할 거라고 말했다. 또한 지금은 부인이 완
전히 다른 사람으로, 저세상에서는 모든 것이 완전히 달라
져 있을 거라고 말해주었다. 그는 내 말을 이해한 것처럼 보
였다. 그의 신음소리가 천천히 사그라들었다.

자녀를 여럿 둔 레너도 그냥 죽을 수가 없었다. 정신을
잃고서 3주가 흘렀다. 그동안 혼수상태로 누워 있었다. 무
엇이 잘못되었는지 그의 부인이 물었다. 모든 것을 잘 준비
했다고 한다. 아이들 모두 환자 곁에 있었고, 남편은 아이
들을 전부 알아보았다고 한다. 나는 그녀와 함께 복도 의자
에 앉아 남편이 어떤 사람이고 어떤 삶을 살았는지 자세하
게 물었다. 그녀에 따르면 그는 삶에 만족했지만 소심한 사
람이었고 한시도 일을 손에서 놓치 않았다. 또 전 부인에게
서 낳은 아들을 늘 그리워했다. 그 아들은 병원 어디엔가 있

을 테지만 병실까지는 오지 않았다. 부인은 그의 아들을 만나 보고 싶지 않다고 말했다. 나는 그녀에게는 당연히 어려운 일이라고, 그녀를 이해한다고 말했다. 하지만 아마도 레너는 최소한 아들의 소식만이라도 알고 싶어 할 것이며, 그것이 아버지로서 그에게는 매우 당연하고 중요한 일일 거라고 말해주었다. 그녀는 아들의 소식을 알고 있을까? 물론 남편에게 전 부인의 아들 소식을 흔쾌히 알려주고 싶은 마음은 없었지만 한동안 고민하다가 결국 승낙했다. 다음 날 그녀가 와서 일러주었다. "파비안이 어디 있는지 모르겠어요. 한참 찾아보았는데 어디 있는지 못 찾겠어요." 나는 그녀의 말을 믿었다. 그럼 어떻게 해야 하지? "당신 남편은 신을 믿나요?" "신실한 신자는 아니지만 신을 믿어요. 텅 빈 교회에 가만히 앉아 있기를 좋아해요." 나는 그녀와 함께 남편이 누워 있는 병실로 갔다. 부인은 남편을 바라보며 아무 말 없이 곁에 서 있었다. 나는 그녀를 위로하며 말했다. "남편에게 당신의 이름을 말하시고 남편 곁에 있다고 알려주세요." 나도 그에게 소개했다. 하지만 그는 아무런 반응을 보이지 않는다. 그에게 다가가서 말했다. "당신의 아이들 모두가 여기에 있습니다. 파비안만……." 나는 끝까지 말을 할 수가 없었다.

그의 신음소리가 나를 제지했기 때문이다. 그의 부인이 소스라치게 놀랐다. "그가 듣고 있어요!" "당연히 듣고 있지요. 그는 무엇인가를 기다리고 있습니다"라고 나는 힘주어 말했다. 그리고 그에게 몸을 돌리고 다시 말했다. "레너 씨, 신은 위대하시므로 파비안을 위한 자리를 마련해주실 거예요. 파비안은 자신을 절대로 잊지 않은 아버지를 기억하고 있을 거예요. 신은 이런 사실을 잘 알고 있습니다." 또 한 번 앓는 소리가 이어지고 깊은 한숨이 뒤따랐다. 한 시간 정도 지나자 파비안의 아버지는 눈을 감을 수 있었다.

마지막 성숙

경계 통과 이전 상태에 있으면서 자신의 생애 마지막을 예감하고 있는 사람들에게 삶을 되돌아보는 일은 매우 중요하다. 이는 어떤 불확실한 목표에서 시작하여 그 목표에 도달하기까지의 내적인 과정을 살펴보는 것과 같다. 이때 죽어가는 사람들은 조각난 채로 널려 있는 것들을 다시 조합하려 하고 이해하지 못했던 것들을 이해하고 싶어 한다. 또한 그들은 우연히 일어났던 일에서 의미를 찾으려고 한다. 좌절했던 일을 삶 속으로 다시 끌어들여 사랑하려고 하고, 가슴에만 묻어두었던 것을 말하고 싶어 한다. 이때 전체적으로 낯선 것들을 익숙한 것으로 만들고 통합하려는 작업이 이루어진다.

임종 자리에서 일생을 되짚어보는 일[59]은 언제나 완성되지 않고 조각난 채로 남게 마련이다. 여기서 심리 치료를 받는 것은 큰 문제가 되지 않는다. 조각난 것들이 의식의 수면 위로 떠오른다. 어떤 것은 여기에서, 어떤 것은 저기에서 떠오른다. 그 사이에 많은 것들이 손대지 않은 채로 남고 (자꾸만 쌓여가기 때문에) 그것들을 일시에 밀어낸다. "모든 걸 놓고 기도하고 싶습니다." 노인이 흐느끼며 전쟁 경험, 첫사랑, 결혼과 아내, 자식 없음, 결코 끝나지 않을 것 같던 건설 현장에서의 일 등을 나에게 털어놓는다. 그는 장례식에 참석할 사람들 가운데 자신의 물건을 넘겨받을 만한 사람들의 명단을 작성한다. "그동안 수집한 이 많은 우표들은 어쩌지요?" 그는 안타까워하면서 묻는다. '나는 그의 수집물을 넘겨줄 젊은이를 알고 있나?' '그런 사람이 내 주위에 있을까?' 그에게 우표를 처리하는 일은 시급한 문제이자 아주 중요한 일이었다. '내가 평생에 걸쳐 이뤄놓은 것은 어디로 갈까?' '내가 사랑했던 삶의 기쁨과 지금까지 나를 괴롭혔던 고통 모두가 녹아 있는 우표들은 누구한테 갈까?' 그는 마침내 그 우표들을 넘겨줄 젊은이를 찾았고, 기쁜 마음으로 건네줄 수 있었다. 그는 자신이 의지할 만한 중요한 말을 십자가에 달린 예수의 기도에서 찾았다.• "내 우표와 사랑, 그리고 나의 영혼을 당신 손에 맡깁니다." 이로써 죽음의 문턱을 넘는 내면의 과정이 잘 진행될 수 있었다. 곧 장면이 바뀌어 그 남자는 보았다. "터널이네요. 저쪽으로 이어져 있네요……."

임종 자리에서 마지막 성숙이란 것이 존재할까? 우리는 이런 말을 들어본 적이 있나? 죽음 앞에서 과연 성숙이란 게 필요할까? 죽어가는 사람들은 지금 모습 그대로 죽을 수는 없는 걸까? 성숙이 죽음의 필수 조건은 아니지만, 만약 임종을 앞둔 사람들이 성숙해졌다면, 우리는 그들의 성숙을 인정해야 할 것이다. 그리고 성숙은 임종 환자의 내면에서 여건이 무르익을 때 비로소 형성된다. 임종 자리에서 성숙은

• 루카복음 23장 46절: 그리고 예수님께서 큰 소리로 외치셨다. "아버지, '제 영을 아버지 손에 맡깁니다.'" 이 말씀을 하시고 숨을 거두셨다.

마지막 성숙일 뿐만 아니라 의미를 발견하고 인생을 정리하는 성숙이다. 종종 환자들은 오랫동안 자신을 구속했던 것으로부터, 폭력과 트라우마의 상처로부터 벗어나는 자유를 경험하고, 특별한 경우에는 존중받기를 원하기도 한다.

임종 준비에서 트라우마를 주제로 다루어야 할까? 분명 과거의 트라우마가 임종 준비에 소환되어서는 안 되지만 종종 질병과 관련하여 다시 등장하기도 한다. 가령 "그때, 우리 엄마가 죽었을 때……" "참전 중에 돌 더미에 깔린 적이 있었는데……"라고 환자들이 말할 때 말이다. 환자와의 대화가 여전히 가능하고 그가 반의식 상태에 있을 때도 트라우마는 나타날 수 있고 동시에 치료될 수도 있다. 하지만 말을 더 이상 할 수가 없는 상태에서 몸 전체에서 발생하는 경련, 소스라치게 놀라는 반응, 본인 의사가 분명치 않은 거부 등의 징후들이 심해지면 치료 가능성은 더 희박해진다. 이때는 경험이 많은 전문가의 관찰 능력이 그만큼 더 중요해진다.

막서 부인은 반쯤 몸을 웅크린 채 누워 구석진 곳을 응시하고 있다. 가톨릭 신자가 흔히 갖고 다니는 묵주는 그녀 주변에 방치되어 있다. 전화가 울리자 그녀는 움찔거리며 벨소리를 듣고만 있다가 끝내 수화기를 들지 않는다. 그녀가 누워 있는 이곳에서 모든 것이 제자리에 멈춰 있다. 벌써 이틀째다. 간병인이 그녀의 몸을 옮겨 편하게 해놓아도 그녀는 오래지 않아 이전 자세를 취하고 구석진 곳을 응시한다. 그녀가 그렇게 몸을 웅크리는 것은 뭔가를 숨기기 위함일까? 그녀는 아무런 반응을 보이지 않는다. 어느 날 갑자기 나도 그녀와 비슷한 자세를 취하고 싶은 충동을 느꼈다. 나 역시 구석진 곳을 응시한다. "뭐야?" 그녀는 납처럼 무거운 정적을 깬다. 나는 계속 진행한다. "거기 뭐가 있나요? 누가 있나요?" 그녀는 답을 줄 능력이 없다. 트라우마, 공포가 내게 쏟아진다. 트라우마에 빠진 사람들을 여럿 겪어본 나는 아무 말도 없이 어슬렁거리는 그것에 조심스럽게 다가가려고 시도한다. 구석지고 어두운 곳에 그것, 즉 남자일 수도 있고 여자일 수도 있는 어떤 악인이, 또는 무서운 짐승이나 나쁜 유령이 행패를 부리고 있는 것 아니냐고 묻는다. 이어 만약 그렇다면 내가 그 끔찍한 것을 꼼짝 못하게 만들어주겠다고 말한다. 물론 흔한 일은 아니기 때문에 그녀가 무반응을 보인 것은 당연하다. "흐…… 으……." 순간 그녀가 간헐적으로 숨을 내쉬며 소리를 낸다. 무슨 소리를 들은 걸까? 순간 나도 당황해서 손에 묵주를 쥐고서 허공에다 십자가를 긋고 만다.

이내 정신을 가다듬고 그녀의 이마에, 그다음 구석진 곳을 향하여 성호를 긋는다. 그러고는 기도한다. "신이시여, 당신은 어느 악보다 더 강하십니다. 그래서 당신은 그녀를 보호하십니다." "흐…… 으…….." 나는 그녀의 이마와 손에 성호를 긋는다. 또 어디에 해야 하나? 그녀가 특별히 성호를 받고 싶은 곳이 또 있을까? 경직되었던 그녀의 몸이 이완된다. 그녀는 자신의 몸 곳곳을 내게 들이밀고 있다. 팔, 다리, 등, 엉덩이. 나는 신부님을 불러 환자에게 도유식塗油式*을 해달라고 부탁한다. 다른 환자들에게 여러 번 이 의식을 행했지만 막서 부인에게는 처음으로 시도한다. "흐흐." 끔찍한 것이 여전히 남아 있는 듯 보이지만 이미 힘을 잃어버린 것 같다. 부인은 다음 날 편안하게 숨을 거두었다.

다른 환자들에게도 마지막 성숙은 그들이 많이 느끼고 싶어 하고 많이 울고 싶어 한다는 것을 의미한다. 그들은 눈물이 마르고 위로를 받고 피곤함을 느낄 때까지 소리 없이 고통을 이겨내고 마지막 성숙에 도달한다. 경계 통과 이전

• (옮긴이주) 도유식이란 병을 낫게 하고 악마를 쫓기 위하여 환자의 몸에 기름을 바르고 신성한 힘을 불어넣는 상징적인 종교 의식이다.

과 통과 순간에 있는 환자들은 신체적으로나 정신적으로 도움이 필요하다. 그들은 포괄적 존재로의 귀속과 의미 발견을 동경하고, 자아를 넘고 싶어 한다. 연구에서 우리는 상위 개념인 성숙을 경계 통과 순간에서 처음 발견했다. 선행 연구에서 세 가지 범주인 삶의 성찰(46%), 트라우마 프로세싱(19%), 의미 발견과 개별화 과정(31%)이 도입되었다(부록 〈표1〉 참조). 이 세 범주는 본 연구에서 확인되었다(삶의 성찰 49%, 트라우마 프로세싱 20%, 의미 발견과 개별화 과정 30%). 이 범주는 상위 범주인 성숙의 구성 요소로서 인식된다. 본 연구에 따르면 전체 600여 개에 달하는 사례들 가운데 62%에서 성숙 과정이 관찰되었다.[60]

임종을 앞둔 어떤 젊은 엄마에게는 아이가 하나 있다. 엄마는 아이에게 온갖 정성을 쏟았지만 아이는 장애를 갖고 있다. 물론 아이의 장래가 중요하다. 하지만 다른 문제 역시 소중하다. '정성을 기울였던 나의 사랑은 어떻게 될까?' '아이를 사랑하는 나의 마음을 누가 알아줄까?' '누가 나의 사랑을 새로운 포괄적 존재로 변형시킬 것인가?' '무엇이 나를 완성, 종결할 것인가?' 젊은 엄마와 함께 나는 종교에 대해 이야기를 나누었다. 그녀의 세대에서 종교는 무의미하다는 것을 잘 알고 있다. 그녀가 내게 질문을 한다. "예수가 말한 하느님의 나라란 무엇이죠?" "모세는 아기일 때 왜 바구니에 담겨 강물에 띄워졌나요?" "가난한 사람들이 복을 받는다고 하는데 그 이유는 무엇인가요?" 젊은 엄마는 이 모든 것을 이해하지 못하겠다고 말한다. 그녀에게 중요했던 것은 하느님이 포괄적 존재라는 점, 그래서 아이에게 베푼 그녀의 사랑이 헛되지 않다는 사실을 아는 것이다. 또한 그녀는 '심판'을 내면에 대한 평가로 이해해야 했다. "그렇게 볼 수도 있겠네요." 그녀는 한마디로 정리한다. 피곤함이 몰려오고 혼수상태에 빠진다.

죽음 앞에서의 겸손

임종 환자들 가운데 우리가 파악할 수 없는 사람들도 늘 있다. 우리는 그들의 상징적인 동작과 제스처 전부를 이해할 수는 없다. 또한 그들의 심리적 불안과 긴장을 좀처럼 진정시킬 수도 없다. 그리고 임종 준비를 도와주려는 배려나 봉사자를 거부하는 환자들도 있다. 그들은 간병인도 거절하고, 누가 자신을 찾아오는 것도 참지 못한다. 심리학자나 상담자조차 받아들이지 않는다. 이런 사람들에게 의료 행위와 약물 치료 효과는 자주 미미하게 나타난다. 그럼 어떻게 해야 하나?

질문을 달리 해보자. 우리는 죽음과의 대결 중에 임종을 맞았다는 환자들을 종종 본다. 그들에게는 과연 무슨 일이 일어나는 걸까? 우리와 대면할 때 그들은 표정이 일그러지기도 하고, 소리를 지르면서 질식할 것 같다고 위협하기도 한다. 우리가 실패한 것일까? 아니면 그보다 더 심한 상황일까? 즉 이들은 내적 행복을 거부한 걸까?

죽음은 우리가 볼 수 없고 판단할 수도 없는 경계 너머에 분명히 존재한다. 임종을 준비하는 사람으로서 나는 죽어가는 사람을 계속해서 도와줄 수 없을 경우에는 그의 본질과 경험에 대해 무엇도 딱 부러지게 말할 수 없고 그저 나의 한계만이 드러날 뿐이다. 시간이란 무엇인가? 무시간성은 어느 시점에서 시작되는가? 끝이 보이지 않을 것 같은 이 시간은 어느 시점에 중지되고 어느 시점에 영원으로 넘어가는가? 우리의 신체적·물리적 경험을 넘어서는 공간이란 무엇인가? 이런 공간에서 죽어가는 사람은 언제 자신의 몸을 느끼고, 자신의 몸을 감지하지 못하는 순간은 또 언제인가? 그런 사람은 공간, 실체, 물질, 존재를 어떻게 지각하는가? 그런 사람은 어떤 통각을 갖고 있는가? 산사태 속에서 생존한 두 사람 이야기가 떠오른다(2장 참조). 나중에 나의 환자가 된 산악인은 추락 후에 혼수상태에 빠져 있었다. 그는 이때의 경험을 단색으로 표현했다. "등산용 스틱, 돌, 내 몸이나 산중 호수 같은 구체적인 것들을 더 이상 볼 수가 없었어요. 단지 색깔만 존재하였습니다. 말하자면 형태가 없는 색깔이었어요. 모든 게 순전히 파란색, 노란색이었습니다." 그 남자는 파란색을 하늘로, 노란색을 태양과 빛으로 생각했다. 이런 단색들은 마치 그를 둘러싸고 그의 몸 안으로 들어갔다가 다시 밖으로 나와 춤을 추는 것 같았다고 한다. 어느 순간 갑자기 녹색이 거기에 있었다고 한다. 그때 그는 자신의 몸을 감지했고 현실로 되돌아왔다고 말한다. 그는 "영적인 경험이었습니다"라고 이야기했다.

우리가 파악할 수 없는 일부 임종 환자들에 대해 우리는 실제로 그들 안에 무엇이 존재하는지를 모른다. 이처럼 죽음에 대한 무지 때문에 유가족에게 미안한 마음을 가질 수밖에 없고 전문가로서 부족함을 인정할 수밖에 없다. 임종을 준비하는 사람들은 죽음 앞에서 겸손해야 한다.

7장

존엄한 죽음과
그에 동반한 문제들

임종 과정에서의 지각 변화

죽음이란 육체가 소멸되는 것 그 이상이다. 죽어가는 사람에게는 우리 눈으로 확인할 수 있는 것보다 더 많은 일들이 일어난다. 이 책에서 다룬 주제는 임종 과정에서의 지각 변화이다. 즉 자아의 경험에서부터 현존재에 이르는 변화를 다루었다. 이 현존재는 자아뿐만 아니라 불안과 고통에서도 벗어나 있다. 현존재의 두 가지 경험 양식은 각각 다양한 특성으로 자기 모습을 드러내는데, 이는 물론 우리 시야를 완전히 벗어난 것은 아니다. 이 현존재 방식에는 의식과 무의식의 경계, 신화적으로 말하면 화염검, 불세례, 물속으로의 관통이란 것들이 존재한다. 죽음은 고난이도의 내적 경계 체험과, 그에 부합하는 경계 불안으로 나타난다.

퀴블러 로스는 죽음의 5단계를 비운을 받아들이는 과정으로 바라보았다. 나는 이 책에서 그의 이론을 다듬고 확장하여 죽음을 세 단계로 설명했다. 이 단계 모두 의식과 무의식의 경계에 대한 경험 주위를 맴돌고 있다. 통과 이전(경계 통과 이전과 경계와 연관하여), 통과 순간(이 경계에 대하여), 그리고 통과 이후(경계를 지났지만 아직 현세에 있는)로 구성된다. 이 세 단계는 존엄에 대한 경험을 다루면서 전개되었다.

종종 순전히 육체적 반응으로 나타나는 경계 불안 혹은 원초적 불안을 설명했다. 이는 외부 자극으로 인한 현상보다 불안의 중심에 더 가까이 접근한 것이다. 이 현상은 이미 인간의 주체화 과정에서 일어나고 매우 뚜렷하게 인간에게 각인된다. 죽어가는 많은 사람들은 원초적 불안을 새롭게 경험한다. 말하자면 그들은 자신을 완전히 잃어버리는 경험을 하고 동시에 누미노제에 완전히 압도당하며, 수차례에 걸쳐 무엇엔가 붙들려서 몸이 흔들리는 경험을 하고, 자신을 다른 것과 더 이상 구분할 수 없고 어떤 거대한 존재에 흡수되는 것 같은 경험을 한다. 그들은 여전히 들을 수 있고, 주변의 자극, 소리에 민감하다. 또한 그들에게는 새로운 질문들, 즉 그들이 어떤 삶을 살았고 어떤 언어를 사용하며 살았는지 묻는 질문들이 제기된다. 당연히 이 질문에는 그들이 자주 접한 일련의 상징들이 무엇인지도 포함된다. '죽어

가는 사람들의 경험이 의식적이다, 상징적이다, 침묵적이다'
라고 굳이 구별하지 않는(왜냐하면 각 경험들이 주관적이고 개
별적이기 때문에) 이 임종 과정에는 방향성도 내재되어 있는
것 같다. 즉 구체적인 것에서 포괄적 존재로, 자아로서의 경
험에서 포괄적 존재로, 그리고 귀속된 존재에서 전체를 포
괄하는 존재로 향하는 방향성 말이다.

마지막으로 변화를 겪는 지각 방식의 차원들이 제시되
었다. 이 차원은 변화가 일어나는 곳에서 불안, 죽음과의 대
결, 저항과 인정, 가족 간의 화해 과정과 성숙(삶의 성찰, 마지
막 성숙, 의미 발견, 경우에 따라서는 트라우마 프로세싱)으로 나
타난다. 죽어가는 사람들의 불안 경험은 변해간다. 그리고
어느 순간에 잦아들고 언제 그랬냐는 듯 평온이 찾아온다.
시간이 지남에 따라 보여지는 가족의 이중적인 태도 역시
중요하다. 숨을 거두는 순간까지 죽어가는 사람을 진심으로
사랑한다고 해도, 어느 순간에 이르면 그의 죽음은 가족에
게 부차적인 것이 되어버린다. 이와는 별도로 죽어가는 사
람의 내면 깊은 곳에서는 어떤 변화와 동요가 일어나고, 그
는 점차 내면 깊은 곳으로 침잠한다.

이제, 지금까지 이 책에서 다루지 않은 주제들이 남아

있다. 이 주제들은 현세와 관계된 것으로, 현세와의 이별, 임종 준비의 방향성, 의학, 영성, 정치적 논쟁에 관한 문제들이다.

현세와의 이별

죽어가는 사람의 자아 안에서는 자신이 가야 할 길을 스스로 가로막는 경우가 불현듯 발생한다. 그래서 경계를 통과하는 일뿐만 아니라 현세와 이별하는 일도 어렵게 된다. 예를 들어 가족, 가까워진 간병인, 집, 기르던 강아지와의 이별이 힘들어진다. 또한 '삶에서의 기쁨, 인간의 욕망' 등 현세와의 작별도 힘겨워진다. 아브라함 계통의 종교들과 서구 사회 문화 안에서 성장한 인간치고 자아, 자아가 느끼는 기쁨, 충동, 노력의 결과로부터 멀어지는 것을 달가워하는 인간은 없다. 또한 자아의 세계—신화적으로 말하면 에덴의 세계—에 달라붙어 이 세계와 전혀 다른 것을 알고 싶어 하지 않는 것이 인간의 본질이다. 이 본질은 정확히 죽음의 문턱을 넘어가는 경계가 전부인 것처럼 만들어 그 이후의 세계, 포괄적 존재 안으로 흡수되는 것에 대해서 침묵한다. 또한 이 본질에 의해, 죽어가는 많은 사람들이 왜―놀라서 움찔하면서도―다시 한 번 현세 안에 머무르고 싶어 하는지, 현세 안에서 그렇게 행복했던 것도 아니면서도 계속해서 남아 있고 싶어 하는지 그 이유가 설명된다. 그들은 자신에게 무슨 일이 일어나는지를 이해하지 못하기 때문에 쉽사리 죽음을 인정하거나 받아들일 수가 없다. 자연의 순리에 따르는 '죽음의 의지'를 가로막는 어떤 것, 그들 내면에 각인된 것, 그들의 욕망 구조와 힘의 구조[61]가 존재한다. 그래서 더 이상 어떻게 할 수 없는데도 사람들은 내면에 있는 어떤 것을 즉각적으로 열망하거나 거부하거나 '소유'하려고 한다.

하지만 우리가 이런 지식을 갖고 있다고 해도 죽어가는 사람들의 요구, 요청의 문제에 대해서는 신중을 기해야 한다. 그들이 진정으로 바라는 것은 무엇인가? 아니면 그들은 단지 본능적인 행동을 하거나 갑작스러운 반응을 보인 것뿐인가? 그렇지는 않을 것이다. 가령 내가 누구를 간질였을 때, 그 사람은 그럴 기분이 아니더라도 어쩔 수 없이 웃고 마는 것처럼 말이다.

이와 비슷한 일이 30대 중반의 한 남자에게 일어났다.

그는 이미 두 번이나 경계를 통과하는 경험을 했고 커다란 파이프와 같은 터널과 빛의 발현에 대해 이야기를 했다. 이런 경험을 했는데도 자기가 어떻게 죽지 않고 아직 살아 있는지를 매일같이 물었다. 어느 날 그가 간병인 두 명과 식탁보에 둘러앉아 실실대며 서로를 놀려댔다. 이미 그전부터 그는 성적으로 고무되어 있었다. 그는 '장난'치고 싶었다. 그는 농담으로 "흥분된다"고 말했다. 저녁에 그는 마치 "과음한 이후에 느끼는 숙취처럼" 머리가 무거움을 느꼈다. 기분이 좋지 못했고 우울했다. 자아의 세계가 '그를 다시 붙잡았다'. 그리고 이런 상태가 여러 날 지속되었다. 당연히 몸 상태가 좋지 못했다. 그의 연약하고 가엾은 몸은 통증을 느끼고 구토를 했다. 이러한 그의 상태를 보면서 그가 과연 생명의 연장을 바란다고 할 수 있을까?

임종이 가까운 젊은 여성이 언론과 인터뷰를 했다. 그녀는 마지막 소원이 무엇이냐는 질문에 "스포츠카를 몰고 드라이브하고 싶어요"라고 대답했다. 그녀의 소원이 이루어졌다. "참으로 대단했어요"라고 그녀는 특별한 악센트 없이 다섯 번이나 되풀이했다. 하지만 그녀는 하루 종일 구토했다. 너무 과했던 것일까? 이 질문은 간병인들 사이에서 논쟁거리였지만 이에 반해 그녀는 그 질문을 허락하지 않았다. 그녀의 긴장이 풀린 어느 날 아침 나는 질문했다. "스포츠카를 모는 시도는 좋았겠지만 잘못된 선택이라고 생각하지 않아요? 내가 보기에 당신은 강렬한 것을 찾아다니고 있어요. 그렇지요? 하지만 당신이 좇는 강렬한 것은 여기가 아닌 죽음 건너편에 있지요?" 그녀는 소리를 지르듯이 대답했다. "네, 맞아요!" 그러고는 소화가 다 되었다고 알리는 듯 트림을 했다. 마침내 그녀는 다른 종류의 것을 찾아다니는 자신에게 작별을 고했다. 매 시간, 거의 매 분 그녀는 안정을 되찾아갔고 잠을 잤다가 또 한 번 육체적 불안(경계 통과 순간)을 겪고 혼수상태를 거쳤다. 그리고 몇 시간 뒤에는 평온 속으로 들어갔다. 그녀는 의사가 예견한 것보다 훨씬 더 일찍 숨을 거두었다.

임종 준비란 죽어가는 사람의 내적 요구를 들어주고 그 이후에 그가 편안히 숨을 거둘 수 있도록 돕는 일이다. 그런데 우리가 죽음의 문턱을 넘는 과정과 인지 감각의 변화에 대해 이해했다고 하더라도 죽어가는 사람을 자극해서는 안 된다. 자극받았던 이전 상태로 복귀시켜서도 안 되고, 그들에게 아름다운 삶을 제공했던 자기중심적인 세계에 계속 머무르라고 말해서도, 강요해서도 안 된다. 왜냐하면 그들은 현세를 떠나고 싶어 하기 때문이다. 또한 아무리 좋은 의도라고 해도 우리는 그들 내면에서 충돌하는 모순에 개입해서는 안 되며, 과도한 의료 조치로 억지로 목숨을 부지하도록 해서도 안 된다. 그건 무의미한 생명 연장이다.

이와는 반대로 우리는 그들에게 자아 안에 내재된, 곧 있을 결말을 미리 보여주어야 한다. 이런 솔직한 대면을 통해 우리는 고통완화 단계에 대해 다음과 같은 사실을 조심스레 꺼내놓을 수 있을 것 같다. 임종 환자들 가운데 가끔 우리의 보호를 받으면서 한 번 더 '기운을 차리는' 사람이 있다. 그런 사람에게 요양원이나 그와 비슷한 시설로 보내라는 의료보험공단의 압박이 있음을 조심히 일러주어야 한다. 이를 전해들은 환자의 의료기에 갑자기 심상치 않은 반응이 나타난다. 잠시 실망과 우울 상태에 접어들었다가 죽고 싶다는 원초적인 욕구와 직면한다. 그러고는 마지막 숨을 거둔다. '그 안에 있던 원초적인 욕구'가 떠나간다. 대부분의 사람들은 원초적인 욕구가 떠나기 전에 숨을 거두는 것 같다. 요약하자면 임종 준비는 죽음에 이르는 과정으로 인도하는 도움의 손길이다. 그런데 신기하게도 경제적인 한계가 종종 죽음의 길로 인도한다.

임종 준비의 방향성

고통완화 의학과 간호는 현대 의학과 간호학에서 중요한 분과로 자리 잡고 있다. 고통완화 의학과 간호는 점차적으로 자기 환자들의 요구에 맞춰 '환자 중심적인' 의료 행위와 간호 서비스를 진행하고 있다. 또한 인간의 적절한 소통과 신체를 진지하게 생각하며 영혼과 정신에 대한 고려를 중요시한다. 그럼에도 임종 과정 가운데 내면에서 일어나는 일들에 중점을 두고서 다시금 고민해봐야 한다. 환자가 말로 표현한 요구와 더불어 비언어적으로 표현한 욕구에도 주목해야 한다. 비록 환자의 말과 신호를 제대로 이해하지 못하는 부분이 있다고 해도 말이다. 그런데 환자 곁을 지키는 가족, 의사, 간병인, 상담치료사, 성직자 등의 사람들은 임종을 맞이하는 사람이 무엇을 필요로 하는지 정확히 알아내지 못하는 경우가 자주 있다. 도움의 외침이나 흔치 않은 신체 증상을 어떻게 해석할 수 있을까? 특별한 경우에 진정제 투여는 옳은 처방일까? 우리가 제공하는 다양한 제안과 조치가 중요할까? 과연 얼마나 중요할까? 환자들은 이 제안과 조치를 얼마나 참아낼 수 있을까? 이것으로 얼마나 많은 사람들이 진정되고 생기와 활력을 느낄 수 있을까? 환자들은 이러한 것들을 약물 투여만큼이나 참기 힘든 간섭으로 받아들이는 것은 아닐까? 상담 치료가 효과적이고, 의료 조치가 만족스러울 때는 언제일까?

고통완화 의학과 간호는 이 모든 것을 상황에 맞게, 개별적으로 신중하게 검토하려고 애쓰고 있다.[62] 동시에 성급하게 답을 내기보다는—신중하게 조사하면서—확인되지 않는 환자의 내면 작용에 대한 질문을 늘 열어놓고 있다. 여기에 임종 과정에 대한 기본 지식, 영적이고 정신적인 지식도 도움의 나침반이 될 수 있다. 행동은 두 번째이다. 우선 이해가 전제되어야 한다. 말하자면 환자가 무엇을 하고 싶어 하는가, 그에게 필요한 것은 무엇인가라는 질문들이 먼저 제기되어야 한다. 그리고 부차적인 것들은 핵심적인 것, 죽음의 가능성, 죽음의 문턱 넘어감에 대한 질문으로 신중하게 보완되어야 한다. 이 모든 것이 환자 중심의 임종 준비이다.

만약 내가 심리상담치료사로 임종 자리를 지키면서 어떤 것은 계속될 것이고 다른 어떤 것은 그렇지 않을 것임을 미리 알고 있다면 다음과 같이 질문할 것이다.

• 현세에서 마지막으로 이루고 싶은 것은 무엇인가, 내적·외적으로?
• 불안, 고독, 성숙을 견뎌내게 하는 것은 무엇인가? 경계 통과의 위기, 이루 말할 수 없는 원초적 불안이 나에게도 밀려드는가?
• 무엇을 내보내야 하는가? 이전에 결핍을 경험했고 트라우마를 겪은 내면의 아이인가? 죽어가는 사람에게 삶에 대한 평가가 필요한가? 삶에서 원대하게 이루어놓은 것은 무엇인지, 오랜 세월 동안 인내한 것은 무엇인지를 놓고 따져보아야 하는가? 아니면 마음을 잘 다스렸다거나 그가 현재 담대하게 견디고 있다는 사실을 인정해야 하는가?
• 내려놓아야 하는 것은 무엇인가? 사람들, 가족뿐만 아니라 유혹을 느끼는 자아 안에 있는 현존재, 그리고 자기 업적에 대한 미련인가?

・무엇을 더 찾으려고 하는가? 원초적 신뢰의 대상인가,
결합의 대상인가('종교적', 내적 결합)?

"그렇게 죽고 싶지 않습니다"

임종 환자들의 모습을 보면 대개 놀라움을 금치 못한다.
죽음은 두려움의 그림자를 그의 바로 앞까지 길게 늘어뜨린
다. 가족은 죽어가는 사람을 바라보는 가운데 단지 죽음의
겉면만을 이해하면서도 자주 공포에 휩싸인다. 반쯤 감긴
눈, 바짝 마른 몸, 그르렁거리는 숨소리, 언제 끝날지도 모를
상황에 대한 처절한 인내……. 이 가련한 모습을 옆에서 지
켜만 보아도 두렵기 그지없다. 많은 가족들이 죽어가는 사
람에게 시선을 고정했다가 이내 시선을 돌리고 만다. 남은
자들은 그런 인상을 더 이상 떨쳐버릴 수가 없게 되어 단정
짓고 만다. "나는 절대로 그렇게 죽지 않을 거야!" 이와 같
은 결론에 도달한 사람들은 나중에 안락사를 시도하거나 안
락사를 호의적으로 받아들인다. 조력 자살의 자유화를 외치
는 이들은 흔히들 아물지 않은 트라우마의 상처를 안고 살

고 있다.[63] 눈앞에서 형제, 어머니 또는 아이가 너무 힘겹게 죽음의 문턱을 넘는 것을 지켜본 사람들 가운데 죽음의 부정적인 모습을 경험한 이는 안락사를 선택하고, 트라우마의 상처를 가진 사람은 조력 자살을 지지한다.

어떤 임종 환자들을 '바라보고' 있으면 그들의 영혼 안에 어떤 것이 마치 경직되어 있는 것처럼 보인다. 하지만 우리는 그들에게 무슨 일이 실제로 일어나는지 정확히 들여다볼 수가 없다. 심지어 죽음과 관련된 일을 하는 사람들도 죽음의 과정을 자세히 들여다보지 않으며, 사회가 받아들이지 못하는 인지 전환이나 의식 변화 등의 정보에 대해서는 더 모를 수도 있다. 무엇이 죽음과 마주한 사람들을 진정시킬 수 있고, 어떻게 이런 불안에 휩싸인 가족을 안심시킬 수 있을까? 어떻게 죽음의 길을 걷고 있는 사람들을 위로할 수 있을까? 나는 늘상 이렇게 말한다.

죽어가는 사람의 고통은 외부로 표출되는 것보다 훨씬 더 심각해 보입니다. 임종의 순간이 다가올 때 우리가 보는 것보다 더 많은 일들이 일어납니다. 그러면 임사체험에 대해 말씀드리겠습니다.

우리가 보는 것보다 더 많은 일들이 생긴다는 것은 인지 전환이 우리에게 보여준 중요한 결과들 중 하나이다. 고통 완화 의사, 간호사, 간병인, 상담사 등의 의료 종사자들과 가족은 임종 환자들이 어느 순간에 그리고 언제든지 내적으로 다른 공간에 가 있다는 것을 귀담아듣는 게 좋을 것 같다. 죽어가는 사람들은 현세도 내세도 아닌 중립적이고 심지어 아름답기까지 한 곳에, 자아에게서 멀리 떨어져 있지만 고통과 실신에서 벗어난 다른 공간에 가 있을 수도 있기 때문이다.[64] 죽음은 고통으로 삶을 채울 수도 있고 삶에 깊은 인상을 남길 수도 있으며 삶 전체의 의미를 다시 규정할 수도 있다. 자신의 죽음을 앞두거나 타인의 임종을 지켜보면서 인간은 가장 비밀스러운 영역에 발을 들여놓기도 하고, 마음이 움직이기도 하고, 소스라치게 놀라기도 한다. 죽어가는 사람들은 우리에게 인생에 관해, 죽음을 앞둔 현 상태에서 벌어지는 일들에 대해 많은 것을 가르쳐준다. 비록 보이지 않지만 죽음은 한마디로 강렬하고 극단적인 경험이다.

흔히들 자아의 관점에서 죽음을 생각하고 설명하려 한다. 하지만 이 방식은 오산이다. 여기서 내가 자아 기능과 감각으로 죽음을 바라보는 관점에서 죽음을 설명했다면 나 역시 죽음을 왜곡했을 것이다. 가령 임종 환자를 병문안하러 온 한 방문객이 그의 고통이 안타까워 그 고통을 대신 짊어진다고 상상해보자. 그러면 방문객은 극심한 고통에 소리지르고 몸부림치면서, 숨쉬기도 힘겨워하면서 그를 대신해 '고생할 것' 같은가? 전혀 그렇지 않다. 죽어가는 사람들은 실제로 고통에 시달리지만 의식이 없는 상태로 접어드는 시점에서는 고통을 감지하는 감각은 상실된다. 종종 나는 이를 수면, 혼수상태 또는 마취와 비교해본다. 임종 환자들의 고통은 지속적이거나 우발적이지 않고 오히려 삶과의 이별 과정이나 변화를 향한 과정과 연결되어 있다. 의식을 갖고서 자기 몰락을 받아들이는 것인지 또는 무의식적으로 그러는지, 결과적으로 피곤한 상태에서 죽음을 수용하는지는 부차적이다. 중요한 것은 죽어가는 사람들이 고통, 불안과는 무관하게 죽음의 상태 안으로 들어간다는 점이다. 그래서 그들 대부분이 "괜찮아" "……좋아"라고 말한다.

고통 속에서의 인간 존엄

"저는 비참하게 죽고 싶지는 않습니다.""배우자가 그렇게 불쌍하게 죽는 것을 원치 않습니다." 말하자면 그렇게 무기력하게, 허무하게, 모든 기력과 외모를 죽음에 강탈당하듯이, 마치 벌레처럼 죽음을 맞이하고 싶지 않다는 의미이다. 비참하게 죽는 것은 고통, 불안과 함께 죽음을 바라보는 두 번째 끔찍한 광경이다.

'인간다운 죽음' 즉 존엄사는 인간의 마지막 존엄에 대한 문제를 은폐하는 모토가 되어버렸다. 왜냐하면 여기서 존엄이 자아의 기능성과 자유로운 결정 능력에 의해 정해진다고 보기 때문이다. 그런데 만약 기능 중심적 자아가 죽음 앞에서는 더 이상 존재하지 않는다면 어떻게 될까? 만약 자아 스스로 생을 내려놓는 가운데 좋은 죽음이 증명된다면 그 또한 어떻게 될까?

오직 자아 안에 자율과 기력이 남아 있을 때에만 존재하는 존엄과 한 인간의 본질 안에 있는 존엄 간의 실제적인 구분은 그리 중요하지 않고 단지 개념적으로 구분할 뿐이다. 후자, 즉 인간의 본질로서 존엄은 삶에서 겪는 고통과 죽음에서도 엄연히 존재한다. 말하자면 후자는 이 세상에 태어날 때부터 죽음에 이르기까지 줄곧 존재한다. 이와 달리 존엄사 대부분은 환자 스스로 결정하는 죽음으로, 자기 자신을 자유롭게 결정할 수 있어야 한다는 권리와 요구에서 비롯한 죽음이다. 하지만 자아 안에 있는 존엄과 자기 결정은 인권과 의무 요구와 마찬가지로 별개의 것이다.

인권이라는 개념은 지난 세기 후반의 계몽의 결과로서 새롭게 국민의 의식과 정치적 의식으로 자리를 잡았다.* 이 기본적인 인권은 특별하거나 일반적인 권리와 동일하지 않다. 말하자면 고통에서 벗어나기 위해 죽음을 자유롭게 선택할 수 있는 권리가 인권, 즉 교도소에 감금된 재소자에게도 적용되는 인권(재소자의 품위를 떨어뜨리지 않고, 비하하지도 않으며, 재소자를 물건으로 취급하지 않는 권리)과 동등하게 취급해서는 안 된다. 두 번째로 중요한 것은 다른 사람들, 권력, 사회 구조로부터의 개인 보호이다. 다시 말해 중증 환자들을 과도한 관여, 과도한 의료 기구 동원과 연구로부터 보

---

* 독일 기본법에 명시된 인간 존엄의 불가침성에 대한 조항 및 지미 카터의 인권에 관한 1977년 6월 노트르담 대학교 졸업식 연설문 참조.

호해야 한다(22쪽 각주 '사망 선택 유언' 참조). '자기 결정'의 개념을 죽음과 관련짓는 지점에서는 당연히 생명과 인생의 허무함이 제기된다. 생과 사는 생식과 출생처럼 실존의 기본 조건이다. 이것은 그 자체로 기본적으로 부끄러움의 대상이 아니다.

존엄은 공허와는 완전히 다르다. 존엄은 지위나 직업이나 업적에서 파생된 명예와 같은 외부적인 것을 가리키지 않는다. 또한 존엄은 (수치심까지 유발하는) 고통과 반대되는 특성이다. 치매 환자들은 사람들을 힘들게 만들지 않던가. 치매 환자를 돌보는 가족은 종종 당황하고 고통을 겪는다. 이런 식으로 운명은 치매 환자들을 낚아채는가? 또는 이런 비극에서도 존엄이란 존재할까? 현재까지도 암 환자인 동시에 치매 증상이 심해지고 있는 언니를 둔 동생이 생각난다. 그녀는 말했다. "언니 보러 왔어요. 그런데 어느덧 제가 내면에서 언니의 조각난 본질들을 한데 모으고 있었네요. 이건 중요한 거라고 생각해요. 언니도 여전히 인간의 존엄을 갖고 있다는 믿음을 버려서는 안 된다고 봐요. 그리고 언니가 이런 내 생각을 알고 있다는 느낌이 들어요." 비극 속에서도 존엄이 존재함을 사랑의 눈으로 인식할 수 있다.

이에 대해 수치심은 사람들이 다른 사람들에게 어떻게 보이고 싶어 하는지, 남에게 보이고 싶지 않은 모습이 무엇인지를 설명한다. 수치심은 자기 자신과 분리되고 자신으로부터 소외된 사람에게서, 자신과의 관계가 소원하다는 것조차 더 이상 느낄 수 없는 사람에게서 나타난다. 수치심이라는 감정은 불가사의하게도 자연과 동물 세계에서는 존재하지 않는다. 그것은 자유로운 의지를 갖춘 인간과는 달리 마치 동물이나 식물은 자신의 엔텔레키Entelechie*를 소유하지 않기 때문일 수도 있다. 순수 창조물, 피조물 자체는 수치스럽지 않다. 그런데 피조물이 극단으로 내몰릴 때, 인간이 완전히 자신의 본질에 반하거나 때와 장소에 어울리지 않는 삶을 살 때 수치심이 생긴다. 중증에 걸려 죽어가는 어떤 여성은 죽기 3일 전부터 아무런 이유도 없이 발톱 치료를 받았다. 그녀는 자기의 죽음을 예감하지 못하고 있었던 게 아닐까? 불치병에 걸린 어떤 억만장자는 임종이 임박했는데도 내게

• (옮긴이주) 엔텔레키는 아리스토텔레스의 용어로, 완전 현실태, 잠재성에 대한 현실성 등으로 표현된다. 말하자면 인간은 자기 안에 자기 목적과 목표를 갖고 있으며, 이를 향해 정진해야 하고 완성해나간다는 의미이다. 이 용어는 나중에 라이프니츠의 단자론에 등장한다.

그리고 간병인에게 자기 돈에 관해 설명했다. "그 사람은 자신의 죽음에 별 관심이 없는가 봐요?" 간병인이 내게 질문했다. 여든일곱 살의 어떤 남자 환자는 의사, 간병인, 상담치료사 할 것 없이 아무나 붙잡고 섹스에 대해 이야기했다. 당시 그는 아내와 관계를 가졌고, 나중에는 여자 친구와, 그다음에는 또 다른 여자 친구와 성관계를 가졌다고 했다. "무슨 꿍꿍이가 있는 거 아니에요?" 상담치료사가 물었다. "그가 찾으려던 것은 도대체 뭐였을까요?"

우리는 수치심을 성인의 관점에서만 느낄 수 있다. 자기 도취 상태에 있는 아이들은 자신과 분리되지 않는 한 수치심을 느끼지 못한다. 이는 특정 나이가 되고 신체적으로 또는 정신적으로 병을 갖고 있는 사람들의 경우도 마찬가지이다. 그러면 그들을 어떻게 현명하게 만들 수 있을까? 성숙함과 미숙함의 차이는 무엇일까? 삶을 충실히 살았다는 것, 성숙한 나이가 되었다는 것은 노이로제로부터 자유로워질 수 있다는 의미일까? 한 개인에게서 성숙함과 미숙함은 정확하게 구분되지 않는다. 하지만 근본적으로 성숙과 지혜는 신뢰성 — 자기 자신을 명백하게 인식하고 있다는 확실성 — 을 전제한다. 다시 말해 우리는 일정한 영향력을 가진 사람에게, 특정한 목소리 톤을 지닌 사람에게, 침묵할 줄도 알고 솔직히 털어놓을 줄도 아는 사람에게 호감을 갖는다. 그들은 타인에게 자신을 표현할 줄 아는 사람들이고 대부분 긍정적인 기본자세를 갖고 삶을 살아간다. 지혜로운 노년의 영향력은 온전한 이해력에 달려 있지 않다. 노년의 영향력은 명확하게 정의할 수 없는 감정적인 능력, 자신과 조화를 이루는 능력, 기쁨과 고통을 맛보고 그에 적응하는 성실성과 관련이 있다. 존엄은 인간이 자기 자신 뒤에, 그리고 고통과 죽음에 직면한 상황 뒤에 숨어 있을 때는 지각되지 않는다. 존엄은 관계 개념에서, 가령 일반적으로 인간과 절대자 간의 보이지 않는 관계에서처럼 관계에서 형성된다. 존엄은 문화적 존재인 인간이 드러낼 수 있는 영예이다.

고통 속 존엄과 죽음을 앞둔 상태에서의 존엄에 대해 우리는 다른 식으로 질문해야 한다. 고통 속에서 무엇이 존엄이란 말인가? 환자들을 대상으로 실시한 나의 연구에 따르면 세 가지 측면이 있다.

1. 환자들에게 자신의 내적 가치를 상기시켜주는 것이 환자들을 존엄 있게 대우해주는 것이다. 슈핀러 부인은

나를 보고 웃다가 이내 옥죄는 통증 때문에 미소를 거둔다. "아⋯⋯." 그래도 이 병원은 대우가 좋다고 말한다. 자신을 돌봐주는 섬세한 손길 덕분에 그녀는 자존감을 되찾았다고 한다.

2. 고통과 죽을 수밖에 없는 운명 속에 있어도 모든 게 결정되었다고 생각하기보다는 그 안에서도 다시 한 번 책임 있게 행동할 수 있는 인간의 능력이 존엄이다. 이런 존엄은 견뎌내게 하는 내적인 힘이다. 인간은 고통을 느끼면서도 주체로서 자신을 경험한다. "저는 지금처럼 제 자신을 느껴본 적이 없어요." 반신불수의 한 환자가 의식이 돌아왔을 때 내게 말해주었다. 죽음이 임박한 30세의 다른 환자가 말했다. "내가 어떤 아버지였는지 나중에 내 딸이 알아주었으면 좋겠어요." 그 환자는 딸을 위해 매일 일기를 썼다. 무엇이든 먹어야 하고 휠체어에 앉아 산책을 하는 것이 그에게 어떤 의미인지, 또 그가 어린 딸을 보면서 했던 생각들을 일기장에 적어두었다. 이 두 환자는 자신의 고통에 자기가 주체적 존재임을 보여주었다.

3. 인간에게 절대 침범되어서는 안 되는 것이 존엄이다.

한 여성이 이상하다 싶을 정도로 똑바른 자세로 내 앞에 앉아 있다. 그녀는 암이 뇌에 전이된 환자이다. 그녀의 남편이 내게 설명하기를, 아내가 더 이상 아무것도 알아보지 못해서 자신이 다섯 아이들을 돌보고 있다고 한다. 아내는 남편의 말을 대부분 쫓아가지 못해 매번 확인하고 나서 추임새를 넣는다고 한다. "그래, 그렇구나." 이해하지 못함에도 여기에 표현된 그녀의 존엄을 내가 존중하는 것처럼 그녀도 존중한다. "내가 절대로 잃어버리지 않는 그 무엇이 있다고 믿어요"라고 그녀는 말했다. 결론적으로 이런 측면에서 보면 비록 육체와 정신이 무너져 있어도 신비로운 것으로 남아 있고 우리를 넘어서 존재하는 것이 바로 존엄이다.

존엄한 죽음, 무엇이 위협인가

존엄과 비존엄, 죽음과 자기 결정, 자살 방조에 대한 사회적 논의는 격렬하게 진행 중이고 결과에 따라 부정적인 영향을 낳을 수도 있다. 그런데 이 논의에서는 절망적 행위로서 자살은 제외된다. 이런 뻔한 소리를 이해하지 못할 사람이 누가 있겠는가? 또한 위기 상황에서 적극적인 안락사 또는 자살 방조를 원하는 개별 환자에 대해서도 다루지 않는다. 개별 상황 역시 주요 주제가 아니다*. 이와 더불어 시급하고 까다로운 법률 문제도 언급하지 않겠다**. 이보다 더 중요한 문제, 즉 규정하는 것과 규정된 것에 대한 집단적 합의, 인간의 근본적인 가치 상실 문제가 더 중요하다. 이 문제는 새로운 인간 그룹과 환자 그룹이 설정되고 선례가 만들어지는 지점에서 자명해진다.

구체적으로 문화적 유산으로서의 죽음이 위협받고 있다. 온전한 과정으로서의 죽음에게 죽음이 본래 갖고 있었던 존엄을 돌려주어야 한다. 여기서 존엄이란 인간 삶의 드

• 개별 상황에 당연히 나도 관여되어 있다. 그렇기 때문에 문제의 해결책을 찾고 있다. 바람직한 고통완화 지원책과 더불어 여기서 제시된 불안을 극복하는 여러 경험적 사례들이 도움을 줄 수 있을 것으로 생각한다(Rehmann-Sutter, Leuthold und Bondolfi 2006 참조).

•• 아무리 급진적인 정책을 펼치는 국가라고 해도 인간이 자신의 죽음을 모색하고 생을 달리할 수 있는 방안들을 제공해서는 안 된다. 하지만 이런 국가들에서 안락사의 자원봉사를 대부분 이런 의미로 풀이한다. 회페Otfried Hoeffe는 한 인터뷰에서 "형법에서 자살과 관련한 형벌을 폐지한 것은 계몽 노력의 결과물입니다"라고 밝혔다.

라마에서 종막終幕을 장식하는 위대함과 의미 앞에서 경의를 표하는 것이다.* 죽어가는 사람들은 자신들의 언어로 죽음을 인정받고 싶어 한다. 죽음을 맞이할 때 으레 겪는 경험들이 비록 그들 내면 안에서 너무나 강렬하고 영적인 차원에서 발생하는 것이더라도 그 모두가 진실임을 그들은 인정받고 싶어 한다.

더 나아가 죽음의 고통을 받는 사람들 앞에서의 태도 그리고 그들을 바라보는 시선도 위협적일 수 있다. 고통받는 사람들은 다른 사람이 굳이 말하지 않아도 이미 그의 무관심을 느낀다. 죌레는 여러 연관성을 따져보고 나서 만연해진 무감각과 통각 결여를 언급한다.[65] 고통 속에서 어떠한 존엄도 더 이상 인식할 수 없는 사람들은 또 다른 위기가 닥쳐오면 자신의 존엄마저도 강탈당하고 만다. 죽어가는 사람의 존엄과 비존엄에 대한 작금의 논쟁을 보면서 많은 환자들은 자신들이 가치 있고 존엄 있는 존재가 아니라는 결론에 도달하고 만다. 나는 매주, 거의 매일 이런 한탄과 마주친다.

• (옮긴이주) 우리는 이러한 존엄을 고대 그리스의 비극에서 흔히 볼 수 있다.

때론 병원과 요양원의 분위기가 위협적이다. 간병인, 의사, 상담치료사, 성직자는 흔히 자기 자신을 죽어가는 사람의 운명에 따라 마지막 소명을 진행하는 사람이라고, 죽음에 이르도록 도와주고 이끌어주는 사람이라고 여긴다. 이런 생각에 매인 사람들은 실질적으로 환자들을 위해 더 이상 좋은 일을 할 수가 없다. 지난 17년의 시간을 되돌아보면서 나는 병원 분위기가 얼마나 많이 변해왔는지를 인지하고 있다.

　　환자와의 대화에서 지나친 긴장감 역시 좋지 못하다.[66] 힘겨운 상황과 고통스러운 경험을 견뎌내면서 어떠한 가치도 더 이상 생각해내지 못하고 이를 극복할 수 있는 법을 더 이상 배울 수 없는 상태에 이르면, 현세에서 아직 분리되지 않은 영적·정신적, 사회적·문화적 능력은 별로 도움이 되지 않는다. 간병인과 환자 모두 긴장한다고 해서 항상 문제 해결로 귀결되는 것은 아니다. 그렇다고 긴장감을 아예 갖지 말라는 의미는 아니다. 때때로 적정 수준의 긴장감을 유지만 한다면 성숙한 해결과 참된 화해의 방향으로 나아갈 수 있을 것이다. 종양학 전문의이자 의과장인 체르니는 안락사에 관한 대담에서 "우리는 실존적 딜레마를 이겨내야 하고 의사로서의 본분도 잊어서는 안 된다"라고 언급한 바 있다.

관계성과 책임에 대한 능력도 위협받고 있다. 말하자면 인간이 점점 자아 안에 있는 욕구로부터 더 많은 것을 생각하고 집착하면 타인과 다른 차원에 대한 접촉성과 개방성이 사라질 뿐만 아니라 행동하고 허용하는 능력까지도 소멸되고 만다. 관계성은 본래 의지 행위가 아니다. 다시 말해 관계성은 자아가 노력해서 자아의 의지대로 될 수 있는 것이 아니다. 오히려 관계성이란 더 깊은 차원 속에서 서로가 연결되어 있음을 허용·승인하는 것이다. 여기서 중요한 것은 관계될 수 있음, 의존, 만연된 나르시시즘 간의 대립이다.

특히 노년 세대가 위험하다. 왜냐하면 나이 든 사람들은 그들이 믿었던 가치가 시대의 변화와 함께 무용하게 되면서 자신이 쓸모없어졌다고 느끼기 때문이다(매년 증가하는 노인 자살률 참조). 또한 나이 들었다고 해서 노인 전부가 성숙한 것은 아니기 때문이다. 이 두 요인은 오늘날 젊은 사람들의 관점에서는 힘없는 노인네들만이 가지는 특성으로 정의된다.[67] 많은 노인들은 나이에 맞는 성숙한 삶과 동떨어져 있다. 그래서 우리 모두에게는 성숙하고 인정받는 나이 듦의 이상형이 결여되어 있다. 하지만 그렇다고 해서 자살 방조와 적극적인 안락사가 성숙하지 못한 모습을 보여준 노인들 때문인 것만은 아니다.

　마지막으로 위협적인 것은 우리가 끝까지 알 수 없는 것과 그에 대한 비밀을 경외하고 존경하는 능력 상실이다. 종교적으로 말하자면 죽음을 자기 스스로 결정할 수 있다면 신을 경외하는 일은 불가능하다. 또 존재론적·비종교적으로 말하자면 자기 스스로 죽음을 결정하는 일이 가능해지면 존재 자체와 존재의 파악할 수 없음에 대해 존경을 표할 이유가 사라진다. 고통완화 전문의이자 장크트갈렌 병원의 고통완화 센터 원장인 뷔혜는 다음과 같이 말한다. "인간은 죽음의 순간에 내린 결정을 나중에 확인할 수 있을까요?" 그는 물음표가 붙는 미지의 영역에서 인간의 판단력이 가능한지 묻는다.

　상실, 위협과는 반대로 존경과 경외는 파악할 수 없는 것(존재)의 개방성 안으로 우리를 인도한다. 즉 존경과 경외는 비록 우리가 파악할 수 없지만 그래도 계속 찾고 그러면서 감탄하고 심지어 기도까지 하면서 파악할 수 없는 것(존재)에 좀 더 다가갈 수 있음을 보여준다. "내가 모른다는 것을 나는 안다"고 말한 소크라테스 식의 인식에서 우리는 인간이 아무리 자기 자신과 능력을 찬양하고 한계를 넘어설 수 있다고 떠들어도 결국 실존적인 불확실성에 머무를 수밖에 없음을 배운다. 그래서 끝까지 진리를 추구했던 소크라테스는 독잔을 자발적으로 마시지 않았다. 다시 말해 자신의 죽음을 스스로 결정하지 않았던 것이다. 신을 부정했다는 명목상의 죄목으로 사형을 판결받았기 때문에 독잔을 마신 것이다. 그는 도망가지 않았을뿐더러 살려달라고 신에게 기도하지도 않았다. 그는 아마도 아무 동요 없이 침착한 태도로 독잔을 들면서 이렇게 말했을 것이다. "그럼에도 불구하고 여러 신에게 기도하세요. 그렇게 해야 합니다. 그리고 현세에서 다른 세상으로의 여행이 행복했으면 좋겠습니다. 이를 위해 나는 기원할 것이고 그렇게 되기를 기원합니다." 그러면서 그는 몇 마디 덧붙이고 단숨에 독잔을 들이켰다.[68]

비밀과 최후에 대한 질문

신·구약성서뿐만 아니라 다른 민족의 관념 속에서도 삶과 피조물의 창조 원인에 대한 질문이 매우 중요한 역할을 한다. 인간은 자기가 돌아갈 곳이 낙원, 천국 또는 무無라고 생각할까? 아니면 단지 자연의 순리에 따라 살고 있을 뿐이라고 여길까? 정말로 심판이 있을까? 있다면 언제, 어떻게? 지나온 삶에 대해 반성도 해야 할까? 이스라엘은 과거의 전통 질서를 회복할까?* 어떤 평화의 통치자가 나타날까?** 정

---

* 미카서 5장: 그러나 너 에프라타의 베들레헴아, 너는 유다 부족들 가운데에서 보잘것없지만 나를 위하여 이스라엘을 다스릴 이가 너에게서 나오리라. 그의 뿌리는 옛날로, 아득한 시절로 거슬러 올라간다. 그러므로 해산하는 여인이 아이를 낳을 때까지 주님은 그들을 내버려두리라. 그 뒤에 그의 형제들 가운데 남은 자들이 이스라엘 자손들에게 돌아오리라. 그는 주님의 능력에 힘입어 주 그의 하느님 이름의 위엄에 힘입어 목자로 나서리라. 그러면 그들은 안전하게 살리니 이제 그가 땅끝까지 위대해질 것이기 때문이다. 그리고 그 자신이 평화가 되리라. 아시리아가 우리 나라를 쳐들어와서 우리 땅을 밟으면 우리는 그들을 거슬러 일곱 목자와 여덟 제후를 세우리라. 그들은 아시리아 땅을 칼로 다스리고 니므롯 땅을 검으로 다스리리라. 아시리아가 우리 나라를 쳐들어와서 우리 국경을 밟으면 그가 우리를 아시리아에서 구출하리라. 그때에 야곱의 남은 자들은 수많은 민족 가운데에서 주님께서 내려주시는 이슬처럼, 풀 위에 내리는 비처럼 되리라. 사람에게 바라지도 않고 인간에게 희망을 두지도 않는 비처럼 되리라. 야곱의 남은 자들은 민족들 가운데에서 수많은 백성 한가운데에서 숲속 짐승들 사이에 있는 사자처럼, 양 떼 속에 있는 힘센 사자처럼 되리라. 지나다니며 먹이를 밟고 찢어도 누구 하나 빼내지 못하는 힘센 사자처럼 되리라. 너의 손은 적들 위로 높이 들리고 너의 원수들은 모두 파멸하리라. 주님의 말씀이다. 그날에 나는 네 가운데에서 군마들을 없애고 병거들을 부수어버리리라. 네 땅의 성읍들을 없애버리고 요새들을 모두 허물어버리리라. 나는 또 네 손에서 마술을 없애버리리니 너에게 다시는 마술사들이 없으리라. 너의 우상들을 없애고 네 가운데에서 기념 기둥들을 없애버리리니 너는 네 손으로 만든 것에 더 이상 절하지 않으리라. 나는 네 안에서 아세라 목상

말로 죽은 자들이 부활할까?* 종말에 그리스도가 승리자로

들을 뽑아버리고 성읍들을 파괴하리라. 나는 또한 복종하지 않는 민족들에게 분노와 진노로 보복하리라.

•• 이사야 9장 11절: 동에서는 아람이, 서에서는 필리스티아가 입을 크게 벌려 이스라엘을 삼켜버렸다. 이 모든 것에도 그분의 진노는 풀리지 않아 그분의 손은 여전히 뻗쳐 있다.

• 다니엘 12장 1절: "그때에 네 백성의 보호자 / 미카엘 대제후 천사가 나서리라. / 또한 나라가 생긴 이래 / 일찍이 없었던 재앙의 때가 오리라. / 그때에 네 백성은, / 책에 쓰인 이들은 모두 구원을 받으리라. 코린토 신자들에게 보낸 첫째 서간 15장. (중략하고 35절부터 — 옮긴이) 그러나 "죽은 이들이 어떻게 되살아나는 가? 그들이 어떤 몸으로 되돌아오는가?" 하고 묻는 이가 있을 수 있습니다. 어리석은 사람이여! 그대가 뿌리는 씨는 죽지 않고서는 살아나지 못합니다. 그리고 그대가 뿌리는 것은 장차 생겨날 몸체가 아니라 밀이든 다른 종류든 씨앗일 따름입니다. 그러나 하느님께서는 당신이 원하시는 대로 그 씨앗에 몸체를 주십니다. 씨앗 하나하나에 고유한 몸체를 주시는 것입니다. 육체라고 다 같은 육체가 아닙니다. 사람의 육체가 다르고 집짐승의 육체가 다르고 날짐승의 육체가 다르고 물고기의 육체가 다릅니다. 하늘에 속한 몸체들도 있고 땅에 속한 몸체들도 있습니다. 그러나 하늘에 속한 몸체들의 광채가 다르고 땅에 속한 몸체들의 광채가 다릅니다. 해의 광채가 다르고 달의 광채가 다르고 별들의 광채가 다릅니다. 별들은 또 그 광채로 서로 구별됩니다. 죽은 이들의 부활도 이와 같습니다. 썩어 없어질 것으로 묻히지만 썩지 않는 것으로 되살아납니다. 비천한 것으로 묻히지만 영광스러운 것으로 되살아납니다. 약한 것으로 묻히지만 강한 것으로 되살아납니다. 물질적인 몸으로 묻히지만 영적인 몸으로 되살아납니다. 물질적인 몸이 있으면 영적인 몸도 있습니다. 성경에도 이렇게 기록되어 있습니다. "첫 인간 아담이 생명체가 되었다." 마지막 아담은 생명을 주는 영이 되셨습니다. 그러나 먼저 있었던 것은 영적인 것이 아니라 물질적인 것이었습니다. 영적인 것은 그다음입니다. 첫 인간은 땅에서 나와 흙으로 된 사람입니다. 둘째 인간은 하늘에서 왔습니다. 흙으로 된 그 사람이 그러하면 흙으로 된 다른 사람들도 마찬가지입니다. 하늘에 속한 그분께서 그러하시면 하늘에 속한 다른 사람들도 마찬가지입니다. 우리가 흙으로 된 그

다시 올까?* 그래서 그가 세계를 완성하고 바로 세울까? 성

사람의 모습을 지녔듯이, 하늘에 속한 그분의 모습도 지니게 될 것입니다. 형제 여러분, 내가 말하려는 것은 이렇습니다. 살과 피는 하느님의 나라를 물려받지 못하고, 썩는 것은 썩지 않는 것을 물려받지 못합니다. 자, 내가 여러분에게 신비 하나를 말해주겠습니다. 우리 모두 죽지 않고 다 변화할 것입니다. 순식간에, 눈 깜박할 사이에, 마지막 나팔 소리에 그리 될 것입니다. 나팔이 울리면 죽은 이들이 썩지 않는 몸으로 되살아나고 우리는 변화할 것입니다. 이 썩는 몸은 썩지 않는 것을 입고 이 죽는 몸은 죽지 않는 것을 입어야 합니다. 이 썩는 몸이 썩지 않는 것을 입고 이 죽는 몸이 죽지 않는 것을 입으면, 그때에 성경에 기록된 말씀이 이루어질 것입니다. "승리가 죽음을 삼켜버렸다. 죽음아, 너의 승리가 어디 있느냐? 죽음아, 너의 독침이 어디 있느냐?" 죽음의 독침은 죄이며 죄의 힘은 율법입니다. 우리 주 예수 그리스도를 통하여 우리에게 승리를 주시는 하느님께 감사드립시다. 그러므로 사랑하는 형제 여러분, 굳게 서서 흔들리지 말고 언제나 주님의 일을 더욱 많이 하십시오. 여러분의 노고가 헛되지 않음을 여러분은 알고 있습니다.

• 테살로니카 신자들에게 보낸 첫째 서간 2장 19절: 우리 주 예수님의 재림 때에 누가 과연 그분 앞에서 우리의 희망과 기쁨과 자랑스러운 화관이 되겠습니까? 바로 여러분 아니겠습니까? 3장 13절: 여러분의 마음에 힘을 북돋아주시어, 우리 주 예수님께서 당신의 모든 성도들과 함께 재림하실 때, 여러분이 하느님 우리 아버지 앞에서 흠 없이 거룩한 사람으로 나설 수 있게 되기를 빕니다. 아멘. 4장 15절: 우리는 주님의 말씀을 근거로 이 말을 합니다. 주님의 재림 때까지 남아 있게 될 우리 산 이들이 죽은 이들보다 앞서지는 않을 것입니다. 5장 23절. 평화의 하느님께서 친히 여러분을 완전히 거룩하게 해주시기를 빕니다. 또 우리 주 예수 그리스도께서 재림하실 때까지 여러분의 영과 혼과 몸을 온전하고 흠 없이 지켜주시기를 빕니다. 코린토 신자들에게 보낸 첫째 서간 15장 23절: 그러나 각각 차례가 있습니다. 만물은 그리스도이십니다. 그다음은 그리스도께서 재림하실 때, 그분께 속한 이들입니다. 베드로의 둘째 서간 3장 4절: "그분의 재림에 관한 약속은 어떻게 되었소? 사실 조상들이 세상을 떠나고 나서도, 창조 이래 모든 것이 그대로 있지 않소?" 할 것입니다.

서가 제기하는 이와 같은 질문은 다른 종교들에서도 어렵지 않게 찾을 수 있으며 서로 부족한 부분을 채워줄 수도 있을 것 같다.

종말론은 신학적 맥락에서 인류 최후에 관한 이론이다. 적지 않은 신학자들이 고령이 되었을 때 죽음에 관한 질문을 제기했다.[69] 그런데도 우리는 죽음을 인류 최후에 대한 이론적 담론에서 '단지' 신앙적인 진술과만 관련지을 뿐, 본래적인 앎과는 연결하지 않는다. 민족과 종교의 거룩한 경전들, 초기 역사의 '자료'로 우리에게 전해줄 것이 많은 경전들은 진리와 역사적 실재에 대한 질문을 넘어 체계적이고 신화적인, 그리고 부분적으로 원형에 가까운 진술의 힘을 갖고 있다(12쪽 두 번째 각주, 13쪽 각주 참조). 이는 말세, 심판과 죽음에 관한 표상들에 대해서도 마찬가지이다. 임사체험에 관한 우리의 앎에도 불구하고, 민족과 종교의 모든 표상들이 있음에도 불구하고, 죽음은 종국에는 이전처럼 여전히 비밀로 끝나고 만다.

심리학적으로 살펴보면 죽음의 문턱을 넘어가는 것에 대한 문제에서 다음과 같은 세 가지 선택적인 세계상과 실존 양식이 중요하다.

1. 의식 유지와 진화의 관점에서 전진 또는 회귀에 대한 질문:

죽음은 존재의 순환에 따라 처음으로 되돌아가는 것일까 아니면 새로운 차원의 존재를 향하여 앞으로 나아가는 것일까? 이 질문은 최초의 상태와 마지막 상태 간의 차이가 창조와 진화에 의해 설명될 수 있는지, 신/포괄적 존재가 (한 존재에서 다른 존재로 변하는) '전이 과정'에서 직관적으로 파악될 수 있는지 묻고 있다.[70] 신적인 완성은 변화가 없다는 전제에서는 상상될 수 없다. 오히려 신적인 완성은 (변화를 포함한) 모든 것을 포괄하는, 모든 것을 함유한 포괄적 총체성과 완전성이라고 생각할 수 있을 것이다.

2. 모든 신비주의의 기본 문제:

존재 대 관계. 숨을 거두고 나서 우리는 또 다른 어떤 존재 안으로 들어갈까? 아니면 어떤 존재와 궁극적 관계를 맺을까? 여기서 관계 양상을 능동적인 것으로 단정해서는 안 된다. 오히려 인간이 관계적 존재라는 점이 지적되어야 한다. 연관된 존재, 관여, 연결된 존재와 같은 단어는 두 가지 측면을 내포한다. 바로 존재와 관계이다. 다양한 전통을 가진 신비주의 안에서 맴돌고 있는 신비적 합일Unio Mystica과 관련하여 '무엇을 질문해야 하는가'라는 문제는 죽음에도 적용된다. 궁극적으로 존재인가, 관계인가? 아니면 양자가 하나로 합일되는 것인가?

3. 의미에 대한 질문:

포괄적 존재 안에 내재된 더 높은 질서를 신뢰할 수 있을까? 또는 죽음 이후란 아무것도 없는 것은 아닐까? 말하자면 완전한 소멸이 아닐까?

이에 대한 대답의 무게는 상당하다. 이 대답은 인간이 궁극적으로 연결된 존재인지 독립된 존재인지를 결정한다. 더 나아가 이 대답은 인간 자신뿐만 아니라 삶 전체와 사랑에 궁극적 의미가 있는지, 아니면 의식화와 성숙이라는 인생길에 아무런 의미가 없는지를 결정한다. 의미 또는 우연, 소멸, 이것들을 선택해야만 한다. 여기에 중간이란 있을 수 없다.

이 책에서 보여준 것처럼 전혀 다른 존재, 포괄적 존재 안에 있어 온전하게 파악되지 않는 질서에서, 그리고 이 포괄적 존재에 참여하는 인간의 궁극적 행위에서 비롯한 성숙의 길은 끝을 향해 달려가는 개인의 운명만으로 완성되는 것이 아니다. 인간은 죽음과 연결될 때 비로소 더 큰 과정에 발을 들여놓는다. 인간은, 구약성서에서 언급한 것처럼, 모든 민족을 품에 안는 민족의 한 구성원이자 거룩한 산을 순례하는 사람이다.* 위대한 구원의 과정에서 (신적인) 완성이 언제, 어떻게 일어날지는—미완성된 창조와 세계의 몰락에서 비롯한 고통이 수천 년의 인간 역사가 발전하면서 줄어들지는—여전히 미지수이다. 현대인들 가운데 어떤 이들은 이러한 소망을 갖고 있다. 이에 대해 죌레는 나와의 대화에서 이렇게 말한 적이 있다. "그리스도는 십자가에 박힌 채로

---

* 미카서 4장 1~5절: 마지막 때에 주님의 집이 서 있는 산은 산들 가운데에서 가장 높이 세워지고 언덕들보다 높이 솟아오르리라. 백성들이 이리로 밀려들고 수많은 민족이 모여 오며 말하리라. "자, 주님의 산으로, 야곱의 하느님 집으로 올라가자. 그분께서 당신의 길을 우리에게 가르쳐주시어 우리가 그분의 길을 걷게 될 것이다." 시온에서 가르침이 나오고 예루살렘에서 주님의 말씀이 나오기 때문이다. 그분께서 수많은 백성 사이의 시비를 가리시고 멀리 떨어진 강한 민족들의 잘잘못을 밝혀주시리라. 그러면 그들은 칼을 쳐서 보습을 만들고 창을 쳐서 낫을 만들리라. 한 민족이 다른 민족을 거슬러 칼을 쳐들지도 않고 다시는 전쟁을 배워 익히지도 않으리라. 사람마다 아무런 위협도 받지 않고 제 포도나무와 무화과나무 아래에 앉아 지내리라. 만군의 주님께서 친히 말씀하셨다. 정녕 모든 민족들은 저마다 자기 신의 이름으로 걸어가지만 우리는 주 우리 하느님의 이름으로 언제까지나 영원히 걸어가리라.

세상의 종말을 기다리고 계실 것입니다."

죽어가는 사람들의 반응을 통해 우리는 그들이—시공
간을 넘어—좇고 있는 것은 궁극적, 신적인 완성임을 예감
할 수 있고 추측할 수 있다. 그들의 마지막 비전과 반응을 살
펴보면 나는 '최후의 것' 그리고 그로 인한 변화에 대한 일정
한 앎을 인식할 수 있다고 생각한다. 구체적으로 다음과 같
다.

- 시간, 시간성과 현재, 현재성의 차원이 바뀔 것이다:
  많은 것들이 동시성과 무시간성(영원)이라는 현존재 양
  식을 예고할 것이다.
- 공간, 공간성의 차원이 변할 것이다: 많은 것들이 공간
  적인 무경계를 암시할 것이다.[71]
- 신체, 구체화, 경계 그리고 자기 정체성에 대한 느낌이
  바뀔 것이다: 많은 것들이 경계 없는 존재와 관계된 존
  재를 가리킬 것이다. 이러한 존재를 나는 존재자, 즉 실
  체와 에너지로서 이해되는 존재자라고 생각한다.
- 중력에 대한 느낌이 변할 것이다: 신체적인 무게감은
  와해되는 것처럼 보인다.

• 강렬함, 감성도 변할 것이다: 많은 것이 강도를 높인다는 걸 보여주지만[72], 결국에는 감각을 넘어설 것이다. 그렇다고 감각적인 것이 배제되거나 무시되지는 않는다.

• 좋거나 나쁘다는 식의 평가도, 방식도 사라질 것이다: 많은 것들이 새로운 공존을 모색하게 될 것이다. 여러 부분으로 쪼개지고 분열되었던 것들이 전체로 통합되는 것을 지시한다.

• 의식: 무의식과 더불어 자아와 연결된 의식에서부터 새로운 양식에 이르기까지 의식의 새로운 양식을 '보게 될 것이다.'[73]

• 기운, 분위기가 바뀔 것이다.: 떠밀림에서 완성으로, 찾기와 기다림에서 발견으로, 대결에서 평온과 목표로, 불안에서 신뢰로 말이다.

• 공동체: 죽어가는 사람들의 많은 표상들과 유대교, 기독교, 타 종교들에 산재한 텍스트*는 분열이 집회, 공동

• 진수, 말하자면 자기 중심을 발견하는 문화의 원형적인 상징으로서 '산 정상에서의 거룩한 도시'(이사야 2장 2~3절: 세월이 흐른 뒤에 이러한 일이 이루어지리라. 주님의 집이 서 있는 산은 모든 산들 위에 굳게 세워지고 언덕들보다 높이 솟아오르리라. 모든 민족들이 그리로 밀려들고 수많은 백성들이 모여 오면서 말하

체, 축제라는 새로운 질적인 특성으로 전환될 거라는 점을 암시한다.

죽어가는 사람들의 증언과 이들의 마지막 변화가 내세에 대한 암시인지, 아니면 단지 임사체험을 표현한 것인지에 대한 대답은 여전히 열려 있다. 단지 해석만 있을 뿐이다.

리라. "자, 주님의 산으로 올라가자. 야곱의 하느님 집으로! 그러면 그분께서 당신의 길을 우리에게 가르치시어 우리가 그분의 길을 걷게 되리라." 이는 시온에서 가르침이 나오고 예루살렘에서 주님의 말씀이 나오기 때문이다. 요한묵시록 21장 10~14절: 이어서 그 천사는 성령께 사로잡힌 나를 크고 높은 산 위로 데리고 가서는, 하늘로부터 하느님에게서 내려오는 거룩한 도성 예루살렘을 보여주었습니다. 그 도성은 하느님의 영광으로 빛나고 있었습니다. 그 광채는 매우 값진 보석 같았고 수정처럼 맑은 벽옥 같았습니다. 그 도성에는 크고 높은 성벽과 열두 성문이 있었습니다. 그 열두 성문에는 열두 천사가 지키고 있는데, 이스라엘 자손들의 열두 지파 이름이 하나씩 적혀 있었습니다. 동쪽에 성문이 셋, 북쪽에 성문이 셋, 남쪽에 성문이 셋, 서쪽에 성문이 셋 있었습니다. 그 도성의 성벽에는 열두 초석이 있는데, 그 위에는 어린양의 열두 사도 이름이 하나씩 적혀 있었습니다). 축제나 결혼식 또는 세상 끝의 낙원이라는 비유.

부록

680명을 대상으로 실시한
〈죽음 전이〉 연구 조사

앞서 상술했듯이 나는 정신종양학과 고통완화 의학의 중심지인 스위스 장크트갈렌 종합병원에서 정신종양학 의사로 일하며 입원환자뿐만 아니라 외래환자들에게 고통완화, 꿈속 상징 해석, 트라우마 대처, 긴장완화 등의 상담치료를 담당하고 있다. 환자가 원하는 경우에 따라 영적임종 준비도 지원한다. 개인적인 연구주제는 음악을 통해 환자의 심상心象을 이해하는 과정으로서의 '음악치료'이다.

내가 소속된 정신종양학과는 다양한 영역의 전문 치료사들로 구성되어 있다. 주간회의마다 우리는 어떤 환자에게 어떤 지원이 필요한지 논의하고, 한 주간의 치료 과정을 서로 공유한다. 치료사와 환자 사이에는 깊은 신뢰감이 존재한다.

다음에서는 10여 년간 1,000여 명의 임종을 마주하며 그들의 인지 전환 과정을 추적한 〈죽음은 전이〉 연구 조사 내용을 개괄해보았다.

〈죽음 전이〉 연구와 방법론[74]

▶ 연구팀: 모니카 렌츠(연구 진행자), 플로리안 슈트라서
(의학박사), 토마스 체르니(의학박사), 다니엘 뷔헤(의학박사),
미리암 쉬트(철학박사)

▶ 80명의 환자를 대상으로 한 선행 연구 및 데이터 수집:
연구 진행자로서 내가 담당했던 모든 환자들 중 죽음에 근접
한 사람들은 '죽음이 임박한' 환자들로 분류되었다. 방법론
은 참여 관찰*로, 이 방법론은 인간학[75]에도 적용되며 인간
의 행동 양식과 정신적 기질을 탐구하는 민족학의 연구 영역
에도 적용되고 있다. 환자의 상태를 관찰할 때 다양한 언어
의식만큼이나 필요한 객관적 거리 두기는 이 방법론에서도
보장될 수 있다. 동시에 연민을 갖고 '참여'할 수도 있다. 이
런 방법론은 보건학에서 언급하기 까다로운 주제를 다룰 때
에도 적합하다.[76] 또한 이 방법론에 따라 우리는 죽어가는 사
람이 원하는 행동(예를 들면 자기 생각을 말하거나 더듬거리거

• (옮긴이주) 환자를 진료, 상담하면서 환자의 상태를 관찰하는 방식.

나 울거나 침묵하는 것)을 하도록 유도하거나 이러한 행동을 보일 때는 방해하지 않는다. 죽어가는 사람들은 중요한 것을 포기하든 포기하지 않든 상관없이 의식 과정을 계속 이어가거나 밀어낼 자유를 갖고 있다. 그리고 언어의 형식이 아닌 몸짓, 소리 등을 통해 자기 의사를 표현하는 비언어적 시그널은 정확하다고 판단될 때에만 의미가 있는 것으로 받아들인다. 〈죽음 전이〉 연구에서 임종 준비는 기본적인 이해를 갖춘 전문 치료사와 연구자가 진행했다. 무엇이 일어났고 무엇이 발생하지 않았는지가 '진료 과정'에서 모두 기록되었다. 당연히 관찰과 해석은 구분되었다. 임종 과정에서 중요한 일이 발생할 때마다 의사와 간호사가 동행했다.

▶ 선행 연구, 데이터 분석: 환자들의 관찰 기록은 국제음성기호 IPA 방법론에 따라 분석되었다. 분석에 참가한 연구 책임자와 연구원들은 서로 각자가 수집한 관찰 기록을 먼저 탐구하고 나서 논의했다. 불확실한 경우에는 제3자가 동석했다. 분석은 여러 차례에 걸쳐 밀도 있게 진행되었다. 환자 40명의 관찰 기록들 가운데 환자가 반복했던 진술과 반응들을 주의 깊게 관찰하였고, 여기서 명백한 주제(예: 불안)와

하위 주제(가사假死와 증상에 대한 불안)가 드러났다. 임사체험 영역, 태아의 청음과 상징·원형에 대한 카를 융의 이론적 배경을 해석에 동원했다. 그리고 아홉 개의 주제가 선정되었다(〈표 1〉 참조). 연구팀에서 선별한 이 주제들은 연구 결과를 이해하는 데 크게 공헌했다. 40개의 관찰 기록에는 동일한 행동들이 기입되어 있는데, 이는 특정 주제가 얼마나 자주 나타나는지를 확인하기 위해 80명의 환자들이 보인 행동들을 수치화한 것이다.

▶600명의 임종 환자를 대상으로 한 본 연구 및 데이터 수집과 분석: 선행 연구 때와 동일한 분석가들이 각기 다른 200개의 관찰 기록을 갖고 연구했다. 연구팀에서 논의한 분석 결과를 토대로 최종 주제가 정리되었다(〈그림 1〉 참조). 총 관찰 기록은 400개였다. 전체 600여 개의 사례에서 자주 등장한 주제와 하위 주제들이 선별되었다. 결과는 다시 토론을 거쳤다.

▶한계들: 이 연구는 대부분이 서유럽 출신인 암 환자들을 대상으로 실시했기 때문에 제한적일 수밖에 없다. 또한

〈표 1〉 주제와 요인의 빈도 비율[77]

연령/성별	선행 연구 (환자 80명) 27~84: 43 (여), 37 (남)	본 연구 (환자 600명) 21~86: 307 (여), 292 (남)	중심 주제
주제			**전이/통과**
과정으로서 확인된 전이/통과	38 (48%)	149 (25%)	
영적인 개방/통과 이후	43 (54%)	305 (51%)	
전이 과정 정보가 가족에게 도움이 되다		335 (56%)	
확인		**죽음의 방해 요인 및 촉진 요인**	**확인**
죽음 자체/불확실성에 대한 확인	11 (14%)	397 (66%)	
가사/고통에 대한 확인	28 (35%)	61 (10%)	
전이 과정에서의 확인	30 (38%)	302 (50%)	
고독사에 대한 확인	15 (19%)	261 (44%)	
전이 과정에서의 대결	24 (30%)	180 (30%)	**전이 과정에서의 대결**
수용 가능성			**수용 가능성**
확인 장애에서 인정까지	55 (69%)	541 (90%)	
장기간에 걸친 거부	24 (30%)	272 (45%)	
전체적 거부	13 (16%)	198 (33%)	
종교적 거부	6 (8%)	–	
준비한/성숙한 상태에서의 죽음	12 (15%)	71 (12%)	
회복 과정/가족			**회복 과정/가족**
가족 분화 해결	66 (82%)	466 (78%)	
가족이 중요하지만 죽음이 가까울 때는 그렇지 않다	25 (31%)	155 (26%)	
	41 (51%)	311 (52%)	
삶의 성찰/전기	37 (46%)	374 (62%)	**성숙**
		292 (49%)	
트라우마	15 (19%)	122 (20%)	
개별화/의미 발견	25 (31%)	181 (30%)	

연구 대상자들의 진술과 표현도 대상자의 인격, 교육 수준, 관찰자의 능력, 많은 연구 대상 인원(그에 반해 이들의 시그널은 그리 차이가 나지 않았다)으로 인해 제한적이다. 엄격한 분석, 유용한 데이터 수집, 연구 진행자의 슈퍼비전, 의사와 간호사의 협업 등이 동원되었고, 임종 과정과 환자 반응을 해석할 때는 연구팀이 최종적으로 연구에 필요한 진술과 표현이라고 승인한 것들만을 사용했다. 여기서 인용된 수치는 가장 낮게 나타난 숫자이다(예: 영적인 개방: 54/51%). 즉 한 주제에 대해 말을 하거나 반응을 보인 사람들의 비율이 최소한 이렇다는 의미이다. 영적인 개방을 경험했다고 하지만 분명하게 표현하지 않았던 환자들의 수치는 훨씬 더 높지만 공개하지 않았다.

▶앞으로의 연구 과제: 검증, 모델의 변화와 강화, 적용은 현재 우리 정신종양학 팀이 두 개의 병동에서 진행하고 있으며, 임종, 신학, 신비, 철학 분야의 세계적 전문가들이 함께하고 있다.

〈그림 1〉

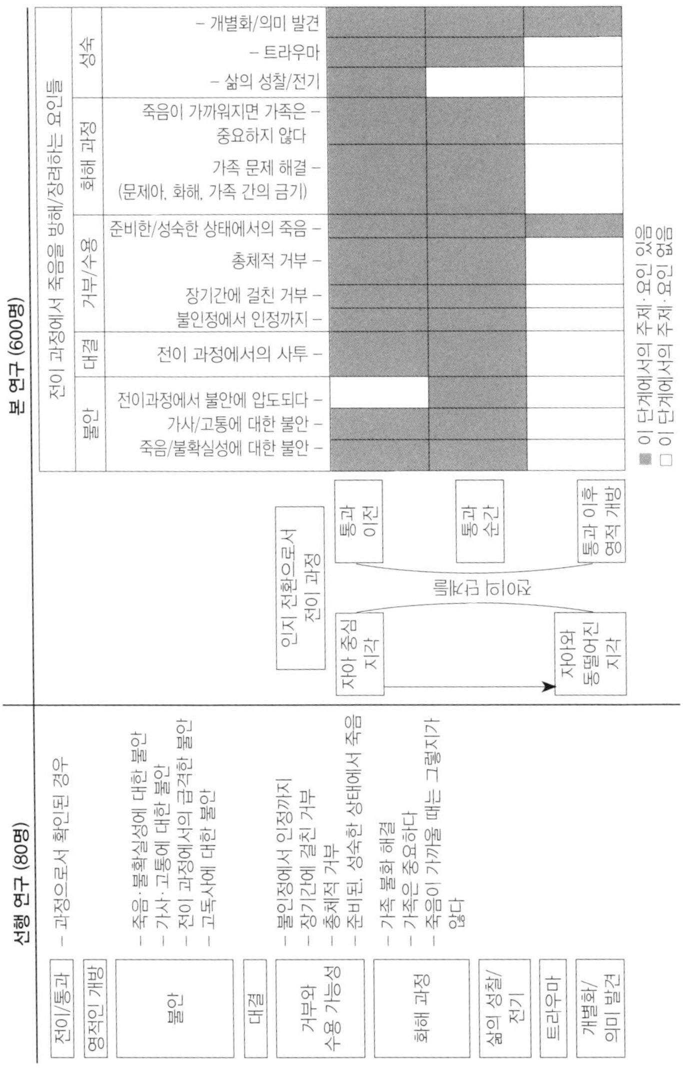

본 연구 (600명)

전이 과정에서 죽음을 방해/정려하는 요인들

		이 단계에서의 주저·요인 있음 / 이 단계에서의 주저·요인 없음
성숙	– 개별화/의미 발견	
	– 트라우마	
	– 삶의 성찰/전기	
화해 과정	죽음이 가까워지면 가족은 중요하지 않다 –	
	가족 문제 해결 – (문제아, 화해, 가족 간의 금기)	
거부/수용	준비한/성숙한 상태에서의 죽음 –	
	총체적 거부 –	
	장기간에 걸친 거부 –	
	불인정에서 인정까지 –	
대결	전이 과정에서의 사투 –	
불안	전이과정에서 불안에 압도되다 –	
	가사/고통에 대한 불안 –	
	죽음/불확실성에 대한 불안 –	

■ 이 단계에서의 주저·요인 있음
□ 이 단계에서의 주저·요인 없음

인지 전환으로서 전이 과정

통과 이전 · 통과 순간 · 통과 이후 영적 개방

문턱 경험의 연속

자아 중심 지각 → 자아와 동떨어진 지각

선행 연구 (80명)

전이/통과

영적인 개방 – 과정으로서 확인된 경우

불안
– 죽음·불확실성에 대한 불안
– 가사·고통에 대한 불안
– 전이 과정에서의 급직한 불안
– 고독사에 대한 불안

대결

거부와 수용 가능성
– 불인정에서 인정까지
– 장기간에 걸친 거부
– 총체적 거부
– 준비된, 성숙한 상태에서의 죽음

화해 과정
– 가족 불화 해결
– 가족은 중요하다
– 죽음이 가까울 때는 그렇지가 않다

삶의 성찰/전기

트라우마

개별화/의미 발견

A 씨의 관찰 기록에서 발췌

A 씨는 비뇨생식기 부근에 점진적으로 발전한 요로상피세포암으로 국부 통증이 매우 심하다. 그럼에도 그가 죽지 않고 이토록 오래 사는 이유는 의학적으로 설명하기 어려운 부분이 많다.

그는 가족을 염려하는 마음이 크다. 그의 부인도 검진 결과를 확인하려고 상담을 예약했다. 8일 전에 A 씨는 처음으로 '음악 여행'에 응했다. 그 이후에 그는 몇 시간 동안 긴장이 풀려져 대화가 불가능할 정도였다. 그는 그 당시를 회상하며 "아무런 통증도 느끼지 못했고 행복감에 빠졌었다"고 말한다.

4일 뒤에 나는 그가 장폐색증으로 곧 숨을 멎을 거라는 소식을 듣는다. 나는 그에게 지금 행복하냐고 묻는다. 그는 고개를 끄덕인다. 특이하게도 그는 가족과는 대화를 할 수 없다. 그의 부인이 검진 결과를 상담받는 동안에 그는 잠시 깨어 있다가 이내 잠들어버린다. 그는 평상시와는 달랐고 혼수상태에서 벗어난 것 같다. 하지만 장폐색증은 또 다른 합병증을 유발하기도 한다.

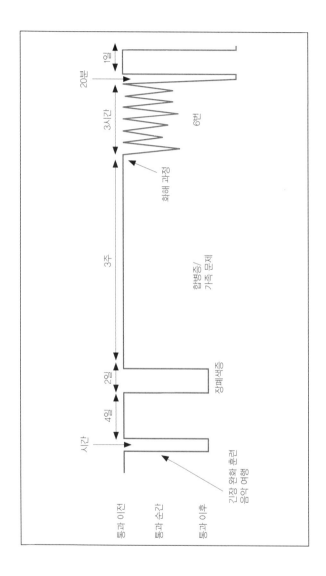

〈그림 2〉 사례 연구: A 씨

3주 뒤 그는 힘들다고 하면서 안락사를 요구하고 가족에게 해결책을 찾아보라고 한 후에 다시 임종에 가까워진다. 세 시간 정도 지났을 때 그는 마치 경계를 통과하고 있는 것 같다고, 두려움이 곧 닥쳐올 것 같다고 말하고 나서 계속 그 상태를 유지한다. 나는 그를 잡아준다. 그는 잠시 안정을 찾는 듯했지만 다시 두려움을 느낀다. 나는 명확한 목소리로 두려움과 불안의 의미를 해석해준다.

그는 다시 진정되다가 또다시 두려움에 사로잡힌다. 나는 다시 불안의 의미를 들려준다. 그리고 덧붙인다. "당신은 지금 보호받고 있습니다." 진정된다. 그의 발이 침대 모서리로 떨어진다. 나는 그의 발을 붙잡고서 두려움에 부딪히라고 격려한다. 그는 내 말대로 했고 진정을 되찾는다. 그의 표정을 보니 매우 놀랍다.

진정되는가 싶다가도 소리를 지르는 듯 보인다. 그는 아주 강렬한 위협을 받을 때처럼 다시 한 번 두려움에 빠진다. 나는 그 위협에 대해 설명하고 위협을 쫓아내듯이 허공에다 대고 손을 휘젓는다. 그의 불안은 점점 줄어든다. 그를 축복하고 성서 구절을 인용하면서 천사가 암흑과 싸워 승리할 거라고 전한다.

잠시 그는 평온해지다가 깜짝 놀라면서 환한 표정을 짓더니 말한다. "꽃이에요." 30분 뒤에 그는 원상태로 돌아와서는 죽지 못했다고 말하면서 실망한다. 한밤중에 그는 저편에서 나와 함께 있었다고 말한다. 그가 묻는다. "왜 죽지 못하죠?" 그러나 깊은 밤에 그는 평온하게 숨을 거둔다.

〈그림 3〉 죽음을 향해 가는 의식 상태 모델

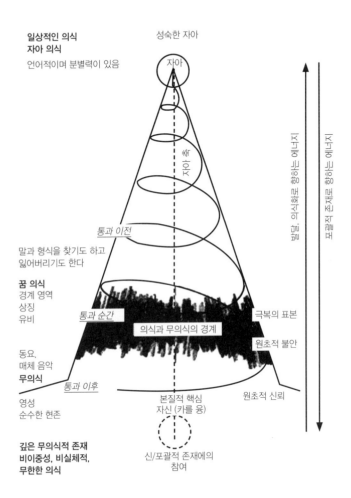

**일상적인 의식
자아 의식**

언어적이며 분별력이 있음

성숙한 자아

자아

자아 축

통과 이전

말과 형식을 찾기도 하고
잃어버리기도 한다

꿈 의식
경계 영역
상징
유비

통과 순간

의식과 무의식의 경계

극복의 표본

원초적 불안

동요,
매체 음악
무의식

통과 이후

원초적 신뢰

영성
순수한 현존

본질적 핵심
자신 (카를 융)

**깊은 무의식적 존재
비이중성, 비실체적,
무한한 의식**

신/포괄적 존재에의
참여

발달: 의식화를 향하는 에너지

포괄적 존재로 향하는 에너지

주

1 Kellehear 2014.

2 van Lommel 2011.

3 Fenwick & Brayne 2011 참조.

4 Renz 2008a; 2013a 참조.

5 Ferrell, Levy und Paice 2008.

6 Borasio 2011; Kuhl 2002 참조.

7 Chochinov 외 2005; Breitbart 외 2010; Gaeta & Price 2010 참조.

8 Strasser, Walker & Bruera 2005 참조.

9 Holloway, Adamson, McSherry 외 2001, p. 19-27 참조.

10 Kehl 1986 참조.

11 Nahtoderfahrungen, van Lommel 2011 참조.

12 Renz 2008a 참조.

13 Pim van Lommel 2011.

14 R. Rohr 2010.

15 Renz 2000/2008b 참조.

16 Moody 1988; Parnia 2006 참조.

17 Renz 2014, 2장, Turner 2005 참조.

18 Greyson & Bush 1992 참조.

19 Samarel 1995.

20 Wittkowski 2004.

21 Corr 1991-1992.

22 Kübler-Ross 1974; Kast 1982; Tomer, Eliason & Wong 2008; Wittkowski 2004; Corr 1991-1992.

23 Chochinov 외 2005 참조.

24 Rosenzweig 1984, p. 127.

25 Kant 1956 참조.

26 KHM 24 s. Grimm & Grimm 1984, Bd. 1, p. 168-172.

27 CD in Renz 2007 참조.

28 Drewermann 1987, p. 27, 40.

29 누미노제에 대한 종교철학적 개념은 Otto 1917/1987 참조.

30 'Das Mädchen des Schmieds, das zu schweigen verstand', in Riedel 1978.

31 KHM 179 s. Grimm & Grimm 1984, Bd. 3, p. 156-167.

32 KHM 31 s. Grimm & Grimm 1984, Bd. 1, p. 198-205.

33 KHM 15 s. Grimm & Grim 1984, Bd. 1, p. 112-121.

34 Neumann 1983 참조.

35 Renz 2009b, p. 146.

36 Renz 2009b 참조.

37 Gassen 2013 참조.

38 Renz 2008a, 2009b 참조.

39 Schroeder-Sheker 2007.

40 Archie 외 2013.

41 Renz 2008b, p. 59f, Nöcker-Ribaupierre 1992 참조.

42 Strobel 1991 참조.

43 Renz 2009b, p. 80f 목록 참조.

44 Rohr 2010 참조.

45 Rohr 2010, p. 106.

46 1. Aspekt von Kampf, Renz 2014, p. 50 참조.

47 2. Aspekt, Renz 2014, p. 51 참조.

48 van Lommel 2011 참조.

49 Riedel 1989, p. 37 참조.

50 Rahner 1982, p. 175f.

51 Rahner 2004a, p. 142-151.

52 1. Aspekt von Kampf 참조.

53 Renz 외 2009a 참조.

54 Nouwen 1998, p. 94.

55 Tomer, Eliason & Wong 2008.

56 Kessler 2000 참조.

57 Batschuns 2001.

58 Borasio 2011 참조.

59 Chochinov et al. 2005 참조.

60 성숙의 의미에 대해서 Wittkowski 2004 참조.

61 Renz 2008a 참조.

62 Borasio 2011 참조.

63 M. Zimmermann-Acklin 2009, p. 27 참조.

64 Lommel 2011 참조.

65 Sölle 1993.

66 Herzka, Reukauf & Wintsch 1999 참조.

67 Gross & Fagetti 2008.

68 Platon im Dialog Phaidon, 1989, p. 65.

69 Jüngel 2009; Rahner 2004b 참조.

70 Renz 2009b, p. 281f; Klinger 2001, p. 40f; Keller 2013 참조.

71 van Lommel 2011 참조.

72 Kellehear 2014 참조.

73 Rohr 2010 참조.

74 Renz 외 2013b.

75 Steinhauser 외 2009.

76 Becker & Geer 2004.

77 Renz 2013b 참조.

참고문헌

Archie, P., Bruera, E.,& Cohen, L. (2013). Music-based interventions in palliative cancer care: a review of quantitative studies and neurobiological literature. *Supportive Care in Cancer, 21*(9), 2609–2624. http://dx.doi.org/10.1007/s00520-013-1841-4

Becker, H., & Geer, B. (2004). Participant observation and interviewing: a comparison. C. Seale (ed.), *Social research methods: a reader* (pp. 246–251). London: Routledge.

Bibel (1980): *Einheitsübersetzung: Altes und Neues Testament*. Stuttgart: Kath. Bibelanstalt.

Borasio, G. D. (2011). *Über das Sterben: Was wir wissen, was wir tun können, wie wir uns darauf einstellen*. München: Beck.

Breitbart, W., Rosenfeld, B., Gibson, C. [et al.] (2010). Meaning-centered group psychotherapy for patients with advanced cancer: a pilot randomized controlled trial. *Psychooncology, 19*(1), 21–28. http://dx.doi.org/ 10.1002/pon.1556

Chochinov, H. M., Hack, T., Hassard, T. [et al.] (2005). Dignity therapy: a novel psychotherapeutic intervention for patients near the end of life. *Journal of Clinical Oncology, 23*(24), 5520–5525. http://dx.doi. org/10.1200/JCO.2005.08.391

Corr, C. A. (1991–1992). A task-based approach to coping with dying. *Ome-*

ga, 24, 81–94.

Drewermann, E. (1987). *Das Markusevangelium: Bilder von Erlösung: I. Teil. Mk 1,1–9,13*. Olten: Walter.

Drewermann, E. (1989). *Tiefenpsychologie und Exegese: Bd. 2. Die Wahrheit der Formen: Traum, Mythos, Märchen, Sage und Legende* (7. Aufl.). Olten: Walter.

Fenwick, P., & Brayne, S. (2011). End-of-life experiences: reaching out for compassion, communication, and connection-meaning of deathbed visions and coincidences. *American Journal of Hospice and Palliative Care, 28*(1), 7–15. http://dx.doi.org/10.1177/1049909110374301

Ferrell, B., Levy, M. H., & Paice, J. (2008). Managing pain from advanced cancer in the palliative care setting. *Clinical Journal of Oncology Nursing, 12*, 575–581. http://dx.doi.org/10.1188/08.CJON.575–581

Gaeta, S., & Price, K. J. (2010). End-of-life issues in critically ill cancer patients. *Critical Care Clinics, 26*(1), 219–227. http://dx.doi.org/10.1016/j.ccc.2009.10.002

Gassen, H. G. (2013). *Mörderisches Erbe: Wie das Böse in unsere Köpfe kam*. Darmstadt: Wiss. Buchges.

Greyson, B., & Bush, N. E. (1992). Distressing near-death experiences. *Psychiatry, 55*(1), 95–110.

Grimm, J., & Grimm, W. (1984). *Kinder- und Hausmärchen: Gesammelt durch die Brüder Grimm: Bd 1–3*. Frankfurt a. M.: Insel.

Grof, S., & Grof, C. (1984). *Jenseits des Todes*. Stuttgart: Kösel.

Gross, P., & Fagetti, K. (2008). *Glücksfall Alter: Alte Menschen sind gefährlich, weil sie keine Angst vor der Zukunft haben*. Freiburg i. Br.: Herder.

Hardegger, J (Moderatorin). (2009, 22. Nov.). *Sternstunde Religion: Wenn* ich nicht mehr entscheiden kann. Fragen rund um die Patientenverfügung. [Mit Reto Stocker, Monika Renz, Otfried Höffe]. Dornbirn: Atv-TV-Produktion-Assmann. [DVD]

Herder-Lexikon Symbole. (1978). (M. Oesterreicher-Mollwo, Bearb.) (4. Aufl.). Freiburg i. Br.: Herder.

Herzka, H. S., Reukauf, W., & Wintsch, H. (hrsg.) (1999). Dialogik in Psychologie und Medizin. Basel: Schwabe.

Höffe, O. (2009, 11. Dez.). Suizidhilfe fällt unter die Kategorie der Tötungs-Delikte (Michael Meier, Interview). Basler Zeitung.
http://bazonline.ch/schweiz/standard/Suizidhilfe-faellt-unter-die-Kategorie-der-Toetungsdelikte/story/29861101

Jüngel, E. (2009). Die Leidenschaft, Gott zu denken: ein Gespräch über Denk- und Lebenserfahrungen [Interview mit F. Ferrario]. Zürich: Theologischer Verlag.

Kant, I. (1956). Werke in sechs Bänden: Bd. 2. Kritik der reinen Vernunft. Wiesbaden: Insel Verlag. (Originalwerk publiziert 1781).

Kast, V. (1982). Trauern: Phasen und Chancen des psychischen Prozesses (2. Aufl.). Stuttgart: Kreuz.

Kehl, M. (1986). Eschatologie. Würzburg: Echter.

Kellehear, A. (2014). The inner life of the dying person. K. Anderson (ed.) End-of-life care: a series. New York: Columbia University Press.

Keller, C. (2013). Über das Geheimnis: Gott erkennen im Werden der Welt eine Prozesstheologie (A. Reichl, übers.). Freiburg i. Br.: Herder.

Klinger, E. (2001). Das absolute Geheimnis im Alltag entdecken: Zur spirituellen Theologie Karl Rahners. Mainz: Matthias Grünewald Verlag.

Kübler-Ross, E. (1974). Interviews mit Sterbenden (8. Aufl.). Stuttgart: Kreuz.

Kuhl, D. (2002). *What dying people want: practical wisdom for the end of life.* New York: Public Affairs.

Lommel, P. v. (2011). *Endloses Bewusstsein: Neue medizinische Fakten zur Nahtoderfahrung* (B. Jänicke, übers.) (4., aktualis.u. erg. Aufl.). Ost fildern: Patmos.

Moody, R. A. (1988). *Leben nach dem Tod: die Erforschung einer unerklärten Erfahrung.* Reinbek bei Hamburg: Rowohlt.

Neumann, E. (1983). *Amor und Psyche: Deutung eines Märchens: ein Beitrag zur seelischen Entwicklung des Weiblichen* (4. Aufl.). Olten: Walter.

Nöcker-Ribaupierre, M. (1992). Pränatale Wahrnehmung akustischer Phäno mene: eine Grundlage für die Entwicklung der menschlichen Bindungs- und Kommunikationsfähigkeit. *Musiktherapeutische Umschau, 12,* 239– 248.

Nouwen, H. J. M. (1998). *Die innere Stimme der Liebe.* Freiburg i. Br.: Herder.

Otto, R. (1987). *Das Heilige: Über das Irrationale in der Idee des Göttlichen und sein Verhältnis zum Rationalen* (Nachdruck). München: Beck.(Orig- inalwerk publiziert 1917)

Parnia, S. (2006). *What happens when we die: a ground-breaking study into the nature of life and death.* London: Hay House.

Platon. (1989). *Sämtliche Werke: Bd. 2* (F. Schleiermacher, übers.). Reinbek b. Hamburg: Rowonhlt.

Rahner, K. (1982). *Praxis des Glaubens: Geistliches Lesebuch.* Zürich: Benziger.

Rahner, K. (2004a). *Beten mit Karl Rahner: Bd. 1. Von der Not und dem Segen des Gebetes.* Freiburg i. Br.: Herder.

Rahner, K. (2004b). *Von der Unbegreiflichkeit Gottes: Erfahrungen eines katho- lischen Theologen.* Freiburg i. Br.: Herder.

Rehmann-Sutter, C., Leuthold, M., Bondolfi , A. [et al.] (hrsg.) (2006). Beihilfe zum Suizid in der Schweiz: Beiträge aus Ethik, Recht und Medizin. R. Baumann-Hölzle (hrsg.), *Interdisziplinärer Dialog - Ethik im Gesundheitwesen: Bd. 6*. Bern: Lang.

Renz, M. (2007). *Von der Chance, wesentlich zu werden: Reflexionen zu Spiritualität, Reifung und Sterben*. [Mit einer CD: ›*Das Ich stirbt in ein Du hinein.*‹]. Paderborn: Junfermann.

Renz, M. (2008a). *Erlösung aus Prägung: Botschaft und Leben Jesu als Überwindung der menschlichen Angst-, Begehrens- und Machtstruktur*. Paderborn: Junfermann.

Renz, M. (2008b). *Zeugnisse Sterbender: Todesnähe als Wandlung und letzte Reifung* (3. Aufl.). Freiburg i. Br.: Kreuz. (Originalausg. 2000).

Renz, M., Koeberle, D., Cerny, T., & Strasser, F. (2009a). Between utter despair and essential hope. *Journal of Clinical Oncology, 27(1), 146–149*. http://dx.doi.org/10.1200/JCO.2008.19.2203

Renz, M. (2009b). *Zwischen Urangst und Urvertrauen: Aller Anfang ist Übergang. Musik, Symbol und Spiritualität in der therapeutischen Arbeit* (erw. u. aktualis. Neuaufl.). Paderborn: Junfermann.

Renz, M. (2010). *Der Mensch - ein Wesen der Sehnsucht*. [Mit einer CD: ›*Klangreisen.*‹] Paderborn: Junfermann.

Renz, M. (2013a). *Der Mystiker aus Nazaret: Jesus neu begegnen. Jesuanische Spiritualität*. Freiburg i. Br.: Kreuz.

Renz, M., Schuett Mao, M., Bueche, D., Cerny, T., & Strasser, F. (2013b). Dying is a transition. *American Journal of Hospice and Palliative Care, 30(3)*, 283–290. http://dx.doi.org/10.1177/1049909112451868

Renz, M., Schuett Mao, M., Omlin, A., Bueche, D., Cerny, T., & Strasser, F.

(2015). Spiritual experiences of transcendence in patients with advanced cancer. *American Journal of Hospice and Palliative Care*, 32(2),178–188. http://dx.doi.org/10.1177/1049909113512201

Renz, M. (2014). *Hoffnung und Gnade: Erfahrung von Transzendenz in Leid und Krankheit - Spiritual Care*. Freiburg i. Br.: Kreuz.

Renz, U. (2010). *Die Erklärbarkeit von Erfahrung: Realismus und Subjektivität in Spinozas Theorie des menschlichen Geistes*. In R.-P. Horstmann & A. Kemmerling (hrsg.), *Philosophische Abhandlungen: Bd. 99*. Frankfurt a. M.: Klostermann.

Riedel, I. (1978). Das Mädchen des Schmieds, das zu schweigen verstand. In M. Jakoby, V. Kast & I. Riedel (hrsg.), *Das Böse im Märchen* (S. 130–158). Fellbach: Bonz.

Riedel, I. (1989). *Die weise Frau in uralt-neuen Erfahrungen: der Archetyp der alten Weisen im Märchen und seinem religionsgeschichtlichen Hintergrund*. Olten: Walter.

Rohr, R. (2010). *Pure Präsenz: Sehen lernen wie die Mystiker* (A. Ebert, übers.). München: Claudius.

Rosenzweig, F. (1984). Der Mensch und sein Werk. In R. Mayer & A. Mayer (Hrsg.), *Gesammelte Schriften: Bd. 3*. Dordrecht: Martinus Nijhoff.

Samarel, N. (1995). The dying process. In H. Wass, & R. A. Neimeyer (eds.), *Dying: facing the facts* (3rd ed., pp. 89-116). Washington D. C.: Taylor & Francis.

Schroeder-Sheker, T. (2007). Subtle signs of the death bed vigil: responding to hearing-impaired, comatose, and vegetative patients. *Explore, 3*, 517–520. http://dx.doi.org/10.1016/j. explore.2007.07.007

Sölle, D. (1993). *Leiden*. Freiburg i. Br.: Herder.

Steinhauser, K. E., Alexander, S. C., Byock, I. R. [et al.] (2009). Seriously ill patients' discussions of preparation and life completion: an intervention to assist with transition at the end of life. *Palliative & Supportive Care, 7*, 393–404. http://dx.doi.org/10.1017/S147895150999040X

Strasser, F., Walker, P., & Bruera, E. (2005). Palliative pain management: when both pain and suffering hurt. *Journal of Palliative Care, 21*(2), 69–79.

Tomer, A., Eliason, G., & Wong, P. T. P. (2008). *Existential and spiritual issues in death attitudes.* New York: Lawrence Erlbaum Associates.

Turner, V. (2005). *Das Ritual: Struktur und Anti-Struktur* (S. Schomburg-Scherf, übers.) (Neuaufl.). Frankfurt a. M.: Campus-Verlag.

Wittkowski, J. (2004). Sterben und Trauern: Jenseits der Phasen. *Pflege Z, 57*(12), 2–10.

Zimmermann-Acklin, M. (2009). Politischer Umgang mit gegensätzlichen ethischen Positionen am Beispiel der Sterbehilfe. Gesellschaft für ethische Fragen (hrsg.), *Arbeitsblatt* (48, Dez.), 23–28.

어떻게 죽음을 마주할 것인가

펴낸날   초판 1쇄 2017년 3월 25일

지은이   모니카 렌츠
옮긴이   전진만
펴낸이   김현태

펴낸곳   책세상
주소   서울시 종로구 경희궁길 33 내자빌딩 3층(우편번호 03176)
전화   02-704-1251(영업부), 02-3273-1334(편집부)
팩스   02-719-1258
이메일   bkworld11@gmail.com
홈페이지 www.bkworld.co.kr
등록   1975. 5. 21. 제1-517호

ISBN   979-11-5931-110-9 03100

이 도서의 국립중앙도서관 출판시도서목록(CIP)은 서지정보유통지원시스템 홈페이지
(http://seoji.nl.go.kr)와 국가자료공동목록시스템(http://www.nl.go.kr/kolisnet)에서
이용하실 수 있습니다.(CIP제어번호 : CIP2017006536)